초등학생이 꼭 알아야 할 인성교육 한자 150字
어린이 급수 한자 7·8급 한 권으로 끝내기

초등학생이 꼭 알아야 할 인성교육 한자 150字
어린이 급수 한자 7·8급 한 권으로 끝내기

초판 인쇄   2015년 10월 5일

지은이   시사정보연구원
발행인   권윤삼
발행처   도서출판 산수야

등록번호   제1-1515호
주소   서울시 마포구 망원동 472-19호
우편번호   121-826
전화   02-332-9655
팩스   02-335-0674

ISBN 978-89-8097-368-2   73710

값은 뒤표지에 있습니다. 잘못된 책은 바꾸어 드립니다.

이 책의 모든 법적 권리는 도서출판 산수야에 있습니다.
저작권법에 의해 보호받는 저작물이므로
본사의 허락 없이 무단 전재, 복제, 전자출판 등을 금합니다.

초등학생이 꼭 알아야 할 인성교육 한자 150字

어린이 급수 한자 7·8급
한 권으로 끝내기

시사정보연구원 지음

시사패스
SISAPASS.COM

★ 머리말

한 권으로 끝내는 급수 한자 7·8급으로 우리말 어휘실력도 쑥쑥 높여요!

　어린이 여러분 중에는 친구들과 이야기를 하거나 부모님과 대화를 나눌 때 어휘력이 조금 부족하다는 것을 느꼈을 때가 있었을 거예요. 이야기를 하거나 책을 읽을 때 낱말이 정확하게 이해되지 않아 답답한 상황도 살짝 경험했을 거구요. 모르는 낱말은 부모님께 묻거나 사전을 찾거나 친구에게 물어서 이해하고 넘어가면 좋은데 지나치면 그 단어가 또 나왔을 때는 당황하게 된답니다. 그 이유는 낱말을 정확하게 이해해야 우리말과 문장을 이해할 수 있기 때문이지요.

　여러분은 우리말의 70퍼센트가 한자어로 구성되어 있다는 사실을 알고 있나요? 중국과 일본과 한국은 동아시아의 대표적인 나라이며, 모두 한자를 사용하고 있어요. 그러니 어휘에 한자어가 많겠죠? 특히 추상적인 어휘가 많이 등장하는 사회나 과학 과목을 공부할 때는 한자를 많이 아는 것이 큰 도움이 돼요.

　우리가 평소에 사용하는 단어가 한자어로 구성되어 있다는 사실을 발견했나요? 그렇다면 한자는 어려운 글자가 아니라 우리가 늘 사용하고 있다는 사실에 동감할 거예요. 이 책은 어린이 여러분이 초등학교에서 배우는 한자어 150개를 기억하기 쉽도록 설명하고 있을 뿐만 아니라 어휘를 늘릴 수 있도록 배려했어요. 이렇게 공부하면 한자능력시험도 대비할 수 있으니 일석이조랍니다.

　학습을 강요하는 책이 아니라 인성과 창의력, 어휘력을 늘리는 것에 중점을 둔 한자 급수 따기로 여러분의 숨은 실력을 펼쳐보세요. 또한 다양한 단어들로 구성된 읽을거리를 통해 독해력과 사고력을 높일 수 있어요. 특히 이 책은 한자의 3요소인 뜻, 소리, 모양과 자원, 부수, 총획수, 쓰기 연습, 획순, 어휘 등의 순으로 한자를 재미있게 학습할 수 있어요.

부수 | 한자의 기본이 되는 부수를 익힙니다.

자원 | 한자가 만들어지는 과정을 한 번 보고 익히면 기억되는 연산법을 활용하여 한자를 기억하게 합니다.

쓰기 | 한자 따라 쓰기, 훈음 쓰기 등의 과정을 통해 한자의 3요소를 완전하게 학습하도록 합니다.

획순 | 한자를 바르게 쓸 수 있도록 획순을 표시하였습니다. 모든 글자는 쓰는 순서가 정해져 있습니다. 올바른 순서에 따라 글씨 연습을 하면 바르고 예쁜 글씨를 쓸 수 있을 뿐만 아니라 인성도 기를 수 있어요.

어휘 | 한자와 한자가 결합한 단어를 학습하면 어휘력을 높일 수 있어요. 어휘력을 높이면 국어 실력뿐만 아니라 사회나 과학, 수학까지도 재미있게 공부할 수 있어요.

★ 이 책의 특징

★ 한자 맛보기 | 혹시 한자가 어렵지는 않을까라고 생각하는 어린이들을 위해 복잡한 획순과 원리를 깨치는 데 목표를 두고 한자의 원리, 부수, 획순에 대한 기초 이론을 설명하여 본격적인 한자 익히기에 도움이 될 수 있도록 구성하였습니다.

★ 한자 익히기 | 한자의 변천 과정과 흥미롭고 재미있는 풀이를 통하여 한자 형(形)·음(音)·의(義)·부수 익히기 등을 쉽고 체계적으로 학습할 수 있도록 구성하였습니다.

★ 어휘력 쌓기 | 공부한 한자를 바로 활용하여 어휘력을 높일 수 있도록 문장을 구성하였습니다. 문장 속에서 어떻게 활용되는지 살펴봄으로써 창의성과 문제 해결 능력을 높이고 재미있게 학습할 수 있습니다.

차례 ★

* 머리말 _ 4
* 이 책의 특징 _ 6
* 한자의 형성 원리를 배워요 _ 8
* 한자 쓰기의 기본 원칙을 배워요 _ 10
* 부수의 위치와 명칭을 배워요 _ 12
* 8급 한자를 5자로 묶었어요.
  노래를 부르듯 흥얼거리면서 배워 봐요! _ 14
* 8급 한자를 관련 글자끼리 재미있게 배워요! _ 15
* 7급 한자를 재미있게 배워요! _ 16

ㄱ _ 18   ㄴ _ 26   ㄷ _ 29   ㄹ _ 34

ㅁ _ 37   ㅂ _ 43   ㅅ _ 47   ㅇ _ 60

ㅈ _ 68   ㅊ _ 78   ㅋ _ 84   ㅌ _ 84

ㅍ _ 84   ㅎ _ 86

★ 한자의 형성 원리를 배워요

1. 상형문자(象形文字) : 사물의 모양과 형태를 본뜬 글자

☼ → ⊙ → 日 → 日   날 일(해의 모양)

⊃ → 月 → 月 → 月   달 월(달의 모양)

♀ → 子 → 子 → 子   아들 자(아들의 모양)

👁 → 👁 → 目 → 目   눈 목(눈의 모양)

2. 지사문자(指事文字) : 사물의 모양으로 나타낼 수 없는 뜻을 점이나 선 또는 부호로 나타낸 글자

⊥ → ⊥ → 上 → 上   위 상(위를 뜻함)

中 → 中 → 中 → 中   가운데 중(가운데를 뜻함)

⊤ → ⊤ → 下 → 下   아래 하(아래를 뜻함)

木 → 木 → 本 → 本   근본 본(뿌리를 뜻함)

3. **회의문자**(會意文字) : 이미 만들어진 글자를 2개 이상 합한 글자

   人(사람 인) + 言(말씀 언) = 信(믿을 신) : 사람의 말은 믿는다.
   田(밭 전) + 力(힘 력) = 男(사내 남) : 밭에서 힘써 일하는 사람.
   日(날 일) + 月(달 월) = 明(밝을 명) : 해와 달이 밝다.
   人(사람 인) + 木(나무 목) = 休(쉴 휴) : 사람이 나무 아래서 쉬다.

4. **형성문자**(形聲文字) : 뜻을 나타내는 부분과 음을 나타내는 부분을 합한 글자

   口(큰입 구) + 未(아닐 미) = 味(맛볼 미)   左義右音 좌의우음
   工(장인 공) + 力(힘 력) = 功(공 공)   右義左音 우의좌음
   田(밭 전) + 介(끼일 개) = 界(지경 계)   上義下音 상의하음
   相(서로 상) + 心(마음 심) = 想(생각 상)   下義上音 하의상음
   口(큰입 구) + 古(옛 고) = 固(굳을 고)   外義內音 외의내음
   門(문 문) + 口(입 구) = 問(물을 문)   內義外音 내의외음

5. **전주문자**(轉注文字) : 있는 글자에 그 소리와 뜻을 다르게 굴리고(轉)
   끌어내어(注) 만든 글자

   樂(풍류 악) → (즐길 락 · 좋아할 요)   예) 音樂(음악), 娛樂(오락)
   惡(악할 악) → (미워할 오)   예) 善惡(선악), 憎惡(증오)
   長(긴 장) → (어른 · 우두머리 장)   예) 長短(장단), 課長(과장)

6. **가차문자**(假借文字) : 본 뜻과 관계없이 음만 빌어 쓰는 글자를 말하며 한자의 조사,
   동물의 울음소리, 외래어를 한자로 표기할 때 쓰인다.

   東天紅(동천홍) → 닭의 울음소리
   然(그럴 연) → 그러나(한자의 조사)
   亞米利加(아미리가) → America(아메리카)
   可口可樂(가구가락) → Cocacola(코카콜라)
   弗(불) → $(달러, 글자 모양이 유사함)
   伊太利(이태리) → Italy(이탈리아)
   亞細亞(아세아) → Asia(아세아)

★ 한자 쓰기의 기본 원칙을 배워요

1. 위에서 아래로 쓴다.
   言(말씀 언) → 一 二 누 늘 言 言 言
   雲(구름 운) → 一 一 一 一 一 雨 雨 雨 雲 雲 雲

2. 왼쪽에서 오른쪽으로 쓴다.
   江(강 강) → 丶 丶 氵 氵 江 江
   例(법식 예) → 丿 亻 亻 亻 例 例 例 例

3. 가로획과 세로획이 겹칠 때는 가로획을 먼저 쓴다.
   用(쓸 용) → 丿 几 月 月 用
   共(함께 공) → 一 十 卄 共 共 共

4. 삐침과 파임이 만날 때는 삐침을 먼저 쓴다.
   人(사람 인) → 丿 人
   文(글월 문) → 丶 一 ナ 文

5. 좌우가 대칭될 때에는 가운데를 먼저 쓴다.
   小(작을 소) → 亅 小 小
   承(받들 승) → 一 了 了 孑 孑 承 承

6. 둘러 싼 모양으로 된 자는 바깥쪽을 먼저 쓴다.
   同(같을 동) → 丿 几 月 同 同 同
   病(병날 병) → 丶 一 广 广 广 疒 疒 病 病

7. 글자를 가로지르는 가로획은 나중에 긋는다.
   女(계집 녀) → 乚 夕 女
   母(어미 모) → 乚 囗 囗 母 母

8. 글자 전체를 꿰뚫는 세로획은 나중에 쓴다.
   車(수레 거) → 一 ㄇ 冃 百 亘 車
   事(일 사) → 一 ㄇ 冃 百 쿡 쿡 事

9. 책받침(辶, 廴)은 나중에 쓴다
   近(원근 근) → ノ ㄏ ㄏ 斤 斤 沂 近
   建(세울 건) → ㄱ ㄱ ㅋ ㅋ ⺹ 圭 聿 建 建
   ※ 走(달릴 주), 足(발 족), 是(이 시)등은 받침을 먼저 쓴다.

10. 오른쪽 위에 점이 있는 글자는 그 점을 나중에 찍는다.
    犬(개 견) → 一 ナ 大 犬
    成(이룰 성) → ノ 厂 厂 厉 成 成 成

■ 한자의 기본 점(點)과 획(劃)
   (1) 점
      ① 「ノ」: 왼점
      ② 「丶」: 오른점
      ③ 「ㆍ」: 오른 치킴
      ④ 「ノ」: 오른점 삐침
   (2) 직선
      ⑤ 「一」: 가로긋기
      ⑥ 「丨」: 내리긋기
      ⑦ 「⼂」: 평갈고리
      ⑧ 「亅」: 왼 갈고리
      ⑨ 「ㄴ」: 오른 갈고리
   (3) 곡선
      ⑩ 「ノ」: 삐침
      ⑪ 「ノ」: 치킴
      ⑫ 「丶」: 파임
      ⑬ 「辶」: 받침
      ⑭ 「)」: 굽은 갈고리
      ⑮ 「\」: 지게다리
      ⑯ 「ㄱ」: 누운 지게다리
      ⑰ 「ㄴ」: 새가슴

★ 부수의 위치와 명칭을 배워요

1. **뜻** : 部(부)의 대표문자를 部首(부수)라 한다.
   즉, 부수는 주로 漢字(한자)의 뜻과 소리를 나타낸다.
   부수에 해당하는 한자가 다른 글자 속에 포함될 때는 글자의 모양이 변한다.
   예)「水」가 왼쪽에 붙을 때는「氵」(삼수변)
   　　「刀」가 오른쪽에 붙을 때는「刂」(칼도방)

2. **위치**

   (1) 邊(변) : 부수가 글자의 왼쪽에 있어요.

    예 女(계집 녀)→姉(누이 자)　妹(누이 매)
   　　車(수레 거)→轉(구를 전)　輪(바퀴 륜)

   (2) 傍, 旁(방) : 부수가 글자의 오른쪽에 있어요.

    예 彡(터럭 삼)→形(형상 형)　彩(무늬 채)
   　　隹(새 추)→雜(섞일 잡)　難(어지러울 난)

   (3) 頭(두 : 머리) : 부수가 글자의 위에 있어요.

    예 宀(갓머리)→安(편안할 안)　定(정할 정)
   　　竹(대죽머리)→筆(붓 필)　策(꾀 책)

   (4) 脚(각 : 발) : 부수가 글자의 밑에 있어요.

    예 灬(불화)→照(비칠 조)　熱(더울 열)
   　　皿(그릇명밑)→盛(성할 성)　監(살필 감)

   (5) 繞(요 : 받침) : 부수가 글자의 변과 발을 싸고 있어요.

    예 走(달아날 주)→起(일어날 기)　越(넘을 월)
   　　辶(책받침)→近(가까울 근)　進(나갈 진)

   (6) 垂(수 : 엄호) : 부수가 글자의 위와 왼쪽을 싸고 있어요.

   예 厂(민엄 호)→原(근본 원)　厚(후할 후)
   　　广(엄 호)→床(침상 상)　度(법도 도)

(7) 構(구 : 몸) : 부수가 글자를 에워싸고 있어요.

　　예 口(큰입구몸) → 國(나라 국)　　園(동산 원)
　　　　門(문 문) → 閑(한가할 한)　　間(사이 간)

(8) 제부수 : 글자 자체가 부수인 것을 말해요.

　　예 一(한 일), 入(들 입), 色(빛 색), 面(낯 면)
　　　　高(높을 고), 麥(보리 맥), 鼓(북 고), 龍(용 용)

(9) 위치가 다양한 부수를 살펴봐요.

　心(심) : 左(왼쪽에 위치) — 性(성품 성)
　　　　　中(가운데 위치) — 愛(사랑 애) 憂(근심 우)
　　　　　下(아래 위치) — 思(생각 사) 忠(충성 충)

　口(구) : 左(왼쪽에 위치) — 呼(부를 호) 味(맛 미)
　　　　　內(안쪽에 위치) — 同(한가지 동) 句(구절 구)
　　　　　上(위쪽에 위치) — 品(물건 품) 單(홑 단)
　　　　　中(가운데 위치) — 哀(슬플 애) 喪(죽을 상)

3. 주요한 부수

(1) 人(인 : 사람과 관계가 있어요.) …… 位·休·信·佛·令
(2) 刀(도 : 칼붙이·베다와 관계가 있어요.) …… 刊·別·分·切·初
(3) 口(구 : 입다·먹다·마시다와 관계가 있어요.) …… 味·吸·唱·可·合
(4) 土(토 : 흙·지형과 관계가 있어요.) …… 地·場·型·基·垂
(5) 心(심 : 사람의 마음과 관계가 있어요.) …… 性·快·情·志·愛
(6) 手(수 : 손으로 하는 일과 관계가 있어요.) …… 打·投·持·承·才
(7) 水(수 : 물·강·액체와 관계가 있어요.) …… 河·池·永·泉·漢
(8) 火(화 : 불·빛·열과 관계가 있어요.) …… 燒·燈·燃·照·熱
(9) 糸(사 : 실·천과 관계가 있어요.) …… 紙·細·絹·系·素
(10) 艸(초 : 식물과 관계가 있어요.) …… 花·草·葉
(11) 雨(우 : 기상과 관계가 있어요.) …… 雲·雪·電·震·霜

★ 8급 한자를 5자로 묶었어요. 노래를 부르듯 흥얼거리면서 배워 봐요!

★ 8급 한자를 관련 글자끼리 재미있게 배워요!

| 숫자 | 一二三四五六七八九十萬
일 이 삼 사 오 육 칠 팔 구 십 만 |

| 요일 | 日月火水木金土
일 월 화 수 목 금 토 |

| 가족 | 父母兄弟女人外寸
부 모 형 제 여 인 외 촌 |

| 학교 | 學校長先生敎室年
학 교 장 선 생 교 실 년 |

| 국가·크기 | 大韓民國中小王軍
대 한 민 국 중 소 왕 군 |

| 방위·자연 | 東西南北靑白山門
동 서 남 북 청 백 산 문 |

★ 7급 한자를 재미있게 배워요!

ㄱ

집 **가** 부수: 宀(갓머리) 총 10획

丶 丶 宀 宀 宁 宁 宇 家 家 家

돼지(豕), 즉 가축이 집(宀) 안에 있어요. 옛날에는 가축과 같이 모여서 사는 곳을 집이라 생각했어요.

| 家事 가사 | 집안 살림살이에 관한 일, 또는 한 집안의 사사로운 일. (事 일 사) |

| 家世 가세 | 문벌(門閥) 대대(代代)로 내려오는 그 집안의 지체. (世 인간 세) |

家 | 家 | 家 | 家 | 家 | 家

노래 **가** 부수: 欠(하품흠) 총 14획

一 丁 ㅠ ㅠ 可 可 㗊 哥 哥 哥 哥 歌 歌 歌

하품하는 모양(欠)으로 소리를 길게 빼서 노래한다(哥)가 합하여서 노래를 뜻해요.

| 歌手 가수 | 노래 부르는 것을 직업(職業)으로 삼는 사람. (手 손 수) |

| 歌人 가인 | 노래를 부르거나 짓는 사람. (人 사람 인) |

歌 | 歌 | 歌 | 歌 | 歌 | 歌

間	사이 간	부수: 門(문문) 총 12획
	｜ ｢ ｢ ｢ ｢ 門 門 門 間 間	
	문(門)이나 방문 틈으로 햇빛(日)이 비친다는 뜻에서 사이를 뜻해요.	

間言 간언	남의 사이를 떼어놓는 말. (言 말씀 언)
間印 간인	서류(書類)에 얽어 맨 종잇장 사이에 도장(圖章)을 걸쳐 찍음. (印 도장 인, 찍을 인)

間					

江	강 강	부수: 氵(삼수변) 총 6획
	` ` 冫 氵 汀 江	
	냇물(水 = 氵)이 모여서 만들어지는(工) 것이 바로 강이에요.	

江南 강남	①강의 남쪽. ②따뜻한 남쪽 나라. (南 남녘 남)
江北 강북	①강의 북쪽 지방(地方). ② 한강(漢江)의 북쪽 지방(地方). (北 북녘 북)

江					

車	수레 거, 수레 차	부수 : 車(수레거) 총 7획
	一 厂 閂 듀 듀 쿋 車	
	수레의 모양을 본떠 만들었어요.	

| 車駕 거가 | ① 임금이 타는 수레. ② 임금의 행차(行次). (駕 멍에 가) |
| 車馬 거마 | ① 수레와 말. ② 수레에 맨 말. (馬 말 마) |

車						

工	장인 공	부수 : 工(장인공) 총 3획
	一 丁 工	
	구멍을 뚫거나 다듬을 때 쓰는 자나 도구의 모양을 본떠 만들었기 때문에 일이나 관리라는 뜻도 돼요.	

| 工事 공사 | 공장(工場)이나 토목(土木), 건축(建築) 등(等)에 관(關)한 일. (事 일 사) |
| 工賃 공임 | 물품(物品)을 만드는 품삯. (賃 품팔이 임) |

工						

	빌 공	부수: 穴(구멍혈) 총 8획
	`丶 ⼍ ⼧ 宀 空 空 空 空`	
	도구(工)를 이용하여 판 구멍(穴)이 비었으니 빌 공이 되었어요.	

空氣 공기	지구(地球)의 표면(表面)을 둘러싸고 있는 무색(無色), 무취(無臭), 투명(透明)의 기체(氣體). (氣 기운 기)
空中 공중	하늘, 하늘 가운데, 중천(中天). (中 중간 중)

空						

	학교 교 	부수: 木(나무목) 총 10획
	`一 十 才 木 木 朴 术 杧 枋 校`	
	옛날에는 학교라는 건물이 없었어요. 그래서 나무 아래에서 선생님에게 배웠지요. 이곳에서 친구들과 사귀(交)면서 사회성을 익힌다는 의미를 담고 있어요.	

校歌 교가	학교(學校)를 상징하는 노래로 학교의 교육 정신, 이상, 특성 등을 담아 학생(學生)으로 하여금 부르게 하는 노래. (哥 노래 가)
母校 모교	자기(自己)가 졸업(卒業)한 학교(學校). (母 어미 모)

教 가르칠 교

부수: 攵(등글월문) 총 11획

丿 ㇊ ㇉ 耂 孝 孝 孝 孝 教 教 教

가르칠 교는 孝(효도 효)＋攵(칠복)이 합쳐진 글자예요. 효도(孝)를 회초리로 쳐서(攵)라도 가르친다는 의미를 담고 있지요. 인성의 기초가 되는 도리(효도)를 가르친다는 의미예요.

教育 교육 가르치어 지능(知能)을 가지게 하는 일.
(育 기를 육)

教訓 교훈 가르치고 깨우침, 타이름, 훈계(訓戒)함.
(訓 훈계 훈)

口 입 구

부수: 口(입구) 총 3획

丨 冂 口

사람의 입 모양을 본떠 만든 글자예요.

口腔 구강 입 안의 빈 곳. 곧 소화관(消化管)의 맨 앞 끝 부분(部分)으로 입에서 목구멍에 이르는 부분(部分). (腔 빈속 강)

口呼 구호 ① 외침. ② 말로 부름.
(呼 부를 호)

九

아홉 구   부수 : 乙(새을) 총 2획

丿 九

열(十)에서 하나가 모자란다는 것을 보여 주려고 가로를 오른쪽으로 구부렸어요. 아홉이라는 말이지요.

九十 구십	아흔의 한자어(漢字語). (十 열 십)
九天 구천	하늘의 가장 높은 곳, 또는 하늘 위. 대지(大地)를 중심(中心)으로 한 아홉 하늘. (天 하늘 천)

國

나라 국   부수 : 囗(큰입구몸) 총 11획

丨 冂 冂 囗 囯 国 國 國 國 國 國

나라는 국경(囗)이 있고, 국경을 군인들이 창(戈)을 들고 지켰어요. 그 모습을 표현한 글자에요.

國民 국민	한 나라의 통치권(統治權) 아래에 그 나라의 국적(國籍)을 가지고 있는 백성(百姓). (民 백성 민)
國家 국가	일정한 영토와 거기에서 사는 사람들로 구성되고, 주권에 의한 하나의 통치 조직을 가지고 있는 사회 집단. 국민(國民)·영토(領土)·주권(主權)의 3요소가 필요함. (家 집 가)

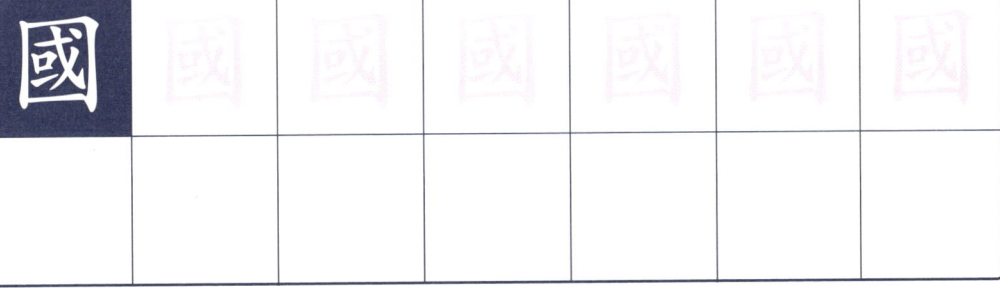

軍

| 군사 군 | 부수: 車(수레거) 총 9획 |

丨 冖 冖 冖 冝 冝 宣 軍

전차(車)가 보이지 않도록 잘 덮어서(冖) 싸우는 사람이 군사예요.

| 國軍 국군 | 나라의 군대(軍隊), 대한민국(大韓民國)의 군대(軍隊). (國 나라 국) |
| 軍隊 군대 | 일정(一定)한 조직(組織) 편제(編制)를 가진 군인(軍人)의 집단(集團). (隊 무리 대) |

軍	軍	軍	軍	軍	軍

金

| 쇠 금, 성씨 김 | 부수: 金(쇠금) 총 8획 |

丿 人 스 ᄉ 今 슦 余 金

쇠가 흙(土) 속에 묻혀 있음을 나타내고 있어요.

| 金剛山 금강산 | 강원도 북부에 있는 이름난 산으로 봄에는 금강산(金剛山), 여름에는 봉래산(蓬萊山), 가을에는 풍악산(楓嶽山), 겨울에는 개골산(皆骨山)으로 불림. (剛 굳셀 강, 山 뫼 산) |
| 年金 연금 | 정부(政府)나 회사(會社) 또는 단체(團體)가 일정(一定)한 동안 어떠한 개인(個人)에게 해마다 주는 돈. (年 해 년, 해 연) |

金	金	金	金	金	金

 기운 기 　　　　　부수 : 气(기운기) 총 10획

丿 ㇷ ㄷ 气 气 気 氧 氣 氣 氣

수증기(气)를 올려서 쌀(米)로
밥을 지어 먹으니 기운이 생겨요.

氣力 기력	① 일을 감당(堪當)해 나갈 수 있는 정신(精神)과 육체(肉體)의 힘. ② 압착(壓搾)한 공기(空氣)의 힘, 또는 원기(元氣). (力 힘 력)
氣分 기분	① 마음에 생기는 유쾌(愉快)·불쾌(不快)·우울(憂鬱) 따위의 주관적(主觀的)이고 단순(單純)한 감정(感情) 상태(狀態). ② 분위기(雰圍氣). (分 나눌 분)

氣

 기록 기 　　　　　부수 : 言(말씀언) 총 10획

一 ㇋ 亠 言 言 言 訁 訁 記 記

말씀(言)을 바로잡아(己)
순서 있게 적는 게 기록이에요.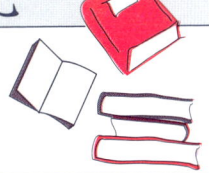

記事 기사	① 사실(事實)을 적음, 또는 그런 글. ② 신문(新聞)이나 잡지(雜誌) 등(等)에 어떤 사실(事實)을 실어 알리는 글. (事 일 사)
記錄 기록	① 사실(事實)을 적은 서류(書類), 또는 사실(事實)을 적음. ② 운동(運動) 경기(競技) 등(等)의 성적(成績). ③ 사료(史料)로서의 일기(日記) 등(等)과 같은 자료(資料). (錄 적을 록)

記

旗

기 기

부수 : 方(모방) 총 14획

丶 亠 う ナ 方 方 扩 扩 旃 旃 旗

사방으로 깃발(其)이 휘날리는 모양(㫃)을 나타내요. 무서운 호랑이나 곰, 글자 등으로 구성된 대장 깃발이 많아요.

旗手 기수 ① 기를 가지고 신호(信號)하는 일을 맡은 사람. ② 일반(一般) 행사(行事)나 군대(軍隊)에서 기를 들거나 받드는 사람. **(手 손 수)**

旗號 기호 ① 기(旗)의 표장(標章). ② 기(旗)의 신호(信號). **(號 이름 호)**

旗 旗 旗 旗 旗 旗

南

남녘 남

부수 : 十(열십) 총 9획

一 十 丷 冂 内 両 雨 南 南

풀(十)이 있는 곳에 울타리(冂)를 치고 양(羊)을 기르는 좋은 땅이 남쪽이라는 뜻이에요.

南北 남북 남쪽과 북쪽. **(北 북녘 북)**

江南 강남 강의 남쪽, 따뜻한 남쪽 나라. **(江 강 강)**

南 南 南 南 南 南

男

사내 **남** 부수: 田(밭전) 총 7획

一 口 曰 田 田 男 男

밭(田)에서 힘(力)을 쓰는 사람이 남자였다고 해요.

男兒 남아	사내 아이. (兒 아이 아)
男便 남편	아내의 배우자(配偶者). 혼인(婚姻)하여 사는 남자(男子)를, 그 아내를 기준(基準)으로 일컫는 말. (便 편할 편)

男

内

안 **내**, 들일 **납** 부수: 入(들입) 총 4획

一 口 内 内

어느 범위 안(冂)으로 들어간다(入)는 의미와 안쪽을 뜻하는 의미가 있어요.

内亂 내란	나라 안에서 정권(政權)을 차지하려고 싸움을 벌이는 난리(亂離)나 반란(叛亂). (亂 어지러울 란)
内容品 내용품	속에 들어 있는 물품(物品). (容 얼굴 용, 品 상품 품)

内

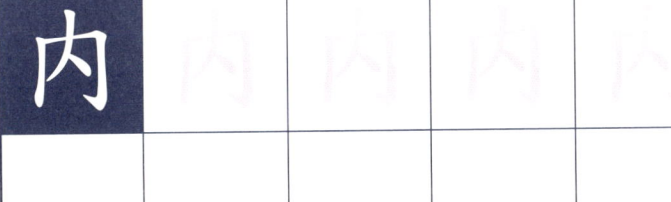

女	**계집 녀, 여자 여**	부수: 女(계집녀) 총3획
	ㄑ ㄑ 女	
	여자가 손을 가지런히 모으고 앉아 있는 모양을 본떠 만들었어요.	

女子 여자 — 여성(女性).
(子 아들 자)

子女 자녀 — 아들과 딸을 아울러 이르는 말.
(子 아들 자)

女	女	女	女	女	女

年	**해 년, 해 연**	부수: 干(방패 간) 총6획
	ノ ㅅ ㄌ ㄅ 두 年	
	벼(禾)가 자라서 수확을 하면 해가 지난다는 의미를 담고 있어요.	

來年 내년 — 올해의 다음 해, 명년(明年).
(來 올 래, 올 내)

每年 매년 — 매해, 하나하나의 모든 해.
(每 매양 매)

年	年	年	年	年	年

農	농사 **농**	부수: 辰(별진) 총 13획
	ㄧ ㄇ ㅁ 曲 曲 曲 严 严 芦 芦 農 農 農	
	별(辰)이 떠 있는 새벽부터 밭(田, 曲은 田의 변형이에요.)에 나가서 일을 하니 농사를 짓는다는 뜻이 되지요.	

農事 농사	논밭을 갈라 농작물(農作物)을 심어 가꾸고 거두어들이는 일. (事 일 사)
農村 농촌	농토(農土)를 끼고 농사(農事)를 짓는 사람들이 사는 마을. (村 마을 촌)

農						

答	대답 **답**	부수: 竹(대죽) 총 12획
	ㄧ ㅅ ㅆ ㅆ ㅆ 竺 竺 笭 笭 答 答	
	종이가 없던 시대에 대나무(竹), 즉 죽간에 적혀 있는 문제에 사람(人)이 하나(一)뿐인 입(口)으로 말하는 게 대답이에요.	

答信 답신	회답(回答)의 통신(通信)이나 서신(書信). (信 믿을 신)
答案 답안	① 시험(試驗) 문제(問題)의 해답(解答), 또는 해답(解答)을 쓴 종이. (案 책상 안)

大

큰 대 부수: 大(큰대) 총 3획

一 ナ 大

팔과 다리를 벌리고 서 있는 사람의 모양을 본떠 만들었어요.

大學 대학	고등 교육을 베푸는 교육 기관으로 고등학교 졸업자 또는 이와 동등한 학력이 있다고 인정된 사람이 입학함. (學 배울 학)
最大 최대	가장 큼. (最 최고 최)

大	大	大	大	大	大	大

道

길 도 부수: 辶(책받침) 총 13획

丶 丷 䒑 䒑 䒑 䒑 首 首 首 道 道

사람 머리와 같이 사물의 끝에 있는 것(首)은 처음, 근거란 뜻을 나타내요. 그래서 한 줄로 쉬엄쉬엄 가는(辶) 길이니 도를 나타내지요.

道理 도리	① 사람이 마땅히 행(行)해야 할 바른 길. ② 사물(事物)의 정당(正當)한 이치(理致). (理 다스릴 리(이))
道僧 도승	도(道)를 깨달은 승려(僧侶), 또는 도통한 승려(僧侶). (僧 중 승)

道	道	道	道	道	道	道

한가지 **동**　　　　　　부수 : 口(입구) 총 6획

丨 冂 冂 同 同

여러 사람(冂)의 말(口)이 하나(一)로 모인다는 뜻이 합하여 '같다'를 뜻해요.

| 同伴 동반 | ① 데리고 함께 다님. ② 길을 같이 감. (伴 벗 반) |
| 同業 동업 | ① 같은 종류(種類)의 직업(職業)이나 영업(營業). ② 영업(營業)을 두 사람 이상(以上)이 공동(共同)으로 경영(經營)함. (業 업 업) |

겨울 **동**　　　　　　부수 : 冫(이수변) 총 5획

丿 ク 夂 冬 冬

고드름이나 얼음(冫)이 어는 마지막(夂) 계절이 바로 겨울이에요.

| 冬眠 동면 | 일부(一部)의 동물(動物)이 겨울 동안 활동(活動)을 중지(中止)하고 땅 속이나 물속에서 잠을 자듯이 의식(意識)이 없는 상태(狀態)로 지내는 일. 겨울잠. (眠 잠잘 면) |
| 冬鳥 동조 | 겨울새. (鳥 새 조) |

東

동녘 동 부수: 木(나무목) 총 8획

一 ㄱ 厂 ㅁ 日 申 東 東

나무(木) 사이로 아침 해(日)가 떠오르는 곳이니 바로 동쪽이지요.

東海 동해	한국(韓國) 동쪽의 바다. (海 바다 해)
東洋 동양	유라시아 대륙의 동부 지역. 아시아의 동부 및 남부를 이르는데 한국, 중국, 일본, 인도, 미얀마, 타이, 인도네시아 등이 있음. (洋 물 양)

東

洞

마을 동, 밝을 통 부수: 氵(삼수변) 총 9획

丶 冫 氵 汀 汩 洞 洞

물(氵=水=氺)이 흐르는 곳에 여러 사람(冂)의 말(口)이 하나(一)로 모이니 마을이 돼요.

洞窟 동굴	깊고 넓은 굴. (窟 동굴 굴)
洞察 통찰	① 환히 내다봄. ② 꿰뚫어 봄. (察 살필 찰)

洞

動

움직일 동 부수: 力(힘력) 총 11획

丿 一 二 午 台 台 肯 重 重 動 動

사람이 무거운 짐을 짊어지고(重) 힘(力)으로 들어 올리니 물건이 움직이겠죠.

動亂 동란	폭동(暴動), 전쟁(戰爭), 반란(叛亂) 등(等)으로 사회(社會)가 질서(秩序) 없이 소란(騷亂)해지는 일, 전란(戰亂). (亂 어지러울 란)
動作 동작	어떤 일을 하기 위(爲)해서 몸을 움직이는 일, 또는 그 움직임. (作 만들 작)

動

登

오를 등 부수: 癶(필발머리) 총 12획

丿 ㄱ 癶 癶 癶 䇂 登 登

제사에 쓸 그릇(豆)을 발을 들어올려(癶) 높은 곳에 올려놓는다는 뜻이 합하여 오를 등이 됐어요.

登板 등판	야구(野球)에서, 투수(投手)가 마운드에 서는 일, 투수(投手)로서 출장(出場)하는 일. (板 널빤지 판)
登場 등장	소설(小說)·영화(映畫) 또는 무대(舞臺) 등에 나옴. 또는 무슨 일에 어떠한 사람이 나타나거나 새로운 제품(製品) 등이 세상(世上)에 처음으로 나옴. (場 마당 장)

登 登 登 登 登 登 登

來

올 래(내) 부수: 人(사람인) 총 8획

一 ㄏ ㄜ ㅠ ㅠ 來 來 來

보리의 모양을 나타낸 글자예요. 옛날 중국말에 '보리'와 '오다' 란 음이 같아서 빌려 썼다고 해요.

來日 내일	오늘의 바로 다음날. 명일(明日), 명천(明天), 이튿날. (日 날 일)
未來 미래	아직 오지 않은 때. (未 아닐 미)

來	來	來	來	來	來

力

힘 력(역) 부수: 力(힘력) 총 2획

ㄱ 力

팔에 힘을 주었을 때 근육이 불거진 모양을 본떠 만들었어요.

努力 노력	① 힘을 씀, 힘을 다함. ② 어떤 일을 이루기 위해 어려움이나 괴로움 등을 이겨내면서 애쓰거나 힘쓰는 것. (努 노력할 노)
體力 체력	① 몸의 힘. ② 몸의 작업(作業) 능력(能力). ③ 몸의 저항(抵抗) 능력(能力). (體 몸 체)

力	力	力	力	力	力

늙을 로(노)   부수: 老(늙을로) 총 6획

一 十 土 耂 耂 老

허리가 굽은 노인이 지팡이를 짚고 서 있는 모양을 본떠 만들었어요.

敬老 경로   노인(老人)을 공경(恭敬)함.
(敬 공경 경)

老人 노인   나이가 많은 사람. 늙은이, 늙은 분.
(人 사람 인)

여섯 륙, 여섯 육   부수: 八(여덟팔) 총 4획

丶 亠 六 六

두 손의 세 손가락을 아래로 편 모양을 본떠 만들었어요.

六十 육십   예순. 열의 여섯 배가 되는 수(數). 또는 그런 수.
(十 열 십)

六角 육각   북, 장구, 해금(奚琴), 피리 및 태평소 한 쌍의 총칭(總稱), 또는 여섯 개의 직선에 싸인 평면. (角 뿔 각)

里	마을 리	부수: 里(마을리) 총 7획
	丨 冂 冂 日 旦 甲 里	
	밭(田)이 있고 흙(土)이 있는 곳이니 마을이지요. 거리의 단위로도 사용해요.	

里長 이장	시골 동리에서 공중(公衆)의 일을 맡아보는 사람. (長 긴 장)
洞里 동리	① 마을. ② 지방(地方) 행정(行政) 구역(區域)인 동(洞)과 리(里)의 총칭(總稱). (洞 골 동)

里	里	里	里	里	里	里

林	수풀 림(임)	부수: 木(나무목) 총 8획
	一 十 才 才 木 村 材 林	
	나무(木)와 나무(木)가 겹쳐 있으니 나무가 많은 숲을 뜻해요.	

林野 임야	나무가 무성(茂盛)한 들. (野 들 야)
松林 송림	소나무숲. (松 솔 송)

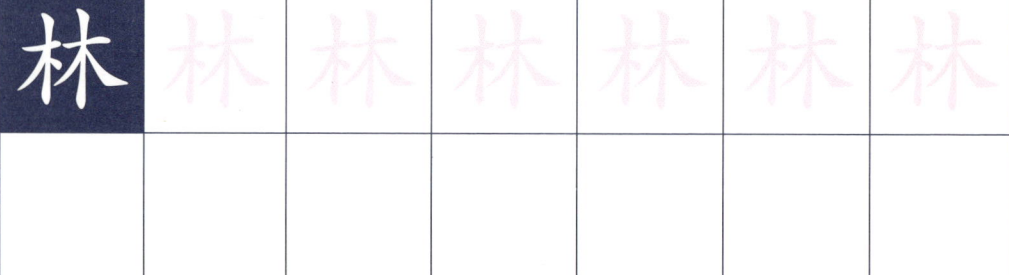

林	林	林	林	林	林	林

설 **립(입)**   부수: 立(설립) 총 5획

丶 亠 ㇒ 立 立

사람이 두 다리로 땅 위에 서 있는 모양을 본떠 만든 글자예요.

立春 입춘	대한과 우수(雨水) 사이에 있으며, 양력(陽曆) 2월 4일이나 5일이 됨. 이때부터 봄이 시작(始作)됨. **(春 봄 춘)**
自立 자립	① 스스로의 힘으로 생계(生計)를 유지(維持)함. ② 얽매임이 없이 스스로의 지위(地位)에 섬. **(自 스스로 자)**

일만 **만**   부수: 艹(초두머리) 총 13획

一 十 ㇐ 艹 艹 苎 苔 莒 莒 萬 萬 萬 萬

옛날에는 숫자가 너무 많으면 일일이 쓸 수가 없었어요. 그래서 많다는 것을 표현해야 하는데 어떻게 할지 난감했지요. 어느 날 벌집을 보니 수많은 벌들이 모여 살고 있었어요. 그래서 일만 만은 벌의 모양을 본떠 숫자가 많다는 것을 표현했답니다. 더듬이와 전체 모양이 벌 같지 않나요?

千萬 천만	만의 천 배. **(千 일천 천)**
萬物 만물	세상(世上)에 있는 모든 것. **(物 만물 물)**

每

매양 **매**

부수 : 毋(말무) 총 7획

丿 ㅡ ㅗ 毋 每 每 每

어린아이(人)가 어머니(母)의 젖을 매번 먹는다는 뜻이 합하여 매양, 늘이라는 뜻이 돼요.

每事 매사 : 모든 일.
(事 일 사)

每日 매일 : 각각의 개별적인 나날. 일일(日日)
(日 날 일)

面

낯 **면**, 고을 **면**

부수 : 面(낯면) 총 9획

一 ㄱ 厂 丙 而 而 面 面 面

사람의 얼굴을 정면에서 본 윤곽과 이마와 콧등을 나타내지요. 행정 구역 단위로도 사용돼요.

面接 면접 : ① 얼굴을 마주 대함. ② 직접(直接) 만남. ③ '면접시험(試驗)'의 준말.
(接 이을 접)

正面 정면 : ① 똑바로 마주 보이는 면. ② 에두르지 않고 직접(直接) 마주 대함.
(正 바를 정)

이름 명   부수: 口(입구) 총6획

ノクタタ名名

저녁(夕)이 되어 어둑어둑해지면 입(口)으로 자기 이름을 말해야 알 수 있어요.

| 名分 명분 | 명목(名目)이 구별(區別)된 대로 그 사이에 반드시 지켜야 할 도리(道理)나 분수(分數). (分 나눌 분) |
| 姓名 성명 | 성과 이름. (姓 성씨 성) |

목숨 명   부수: 口(입구) 총8획

ノ人人今今合合命

입(口)으로 뜻을 전한다(令)는 뜻으로, 임금의 명령은 목숨과 같다는 뜻이에요.

| 命令 명령 | 윗사람이 아랫사람에게 무엇을 하도록 시킴. (令 하여금 령(영)) |
| 生命 생명 | ① 목숨. ② 사물(事物)의 존립(存立)에 관계(關係)되는 중요(重要)한 것. (生 날 생) |

母	어미 모	부수 : 母(말무) 총 5획
	ㄴ ㄅ ㅂ 母 母	
	어머니가 아이에게 젖을 먹이는 모양을 본떠 만들었어요.	

父母 부모	어버이, 아버지와 어머니. (父 아비 부)
祖母 조모	할머니. (祖 조상 조)

母	母	母	母	母	母	母

木	나무 목	부수 : 木(나무목) 총 4획
	一 十 才 木	
	땅에 뿌리를 박고 서 있는 나무 모양을 본떠 만들었어요.	

木工 목공	목수(木手). 나무를 다루어서 물건(物件)을 만들어 내는 일. (工 장인 공)
草木 초목	풀과 나무. (草 풀 초)

木	木	木	木	木	木	木

文

글월 문, 무늬 문   부수: 文(글월문) 총 4획

丶 一 ナ 文

사람 몸에 ×모양의 무늬로 문신을 한 것을 본떠 만들었어요. 옛날에는 문신도 글자였다고 해요.

| 文治 문치 | 학문(學問)의 덕을 숭상(崇尙)하여 학문(學問)과 법령(法令)으로써 다스리는 정치(政治). (治 다스릴 치) |
| 文化 문화 | 일정한 목적(目的) 또는 생활 이상을 실현하고자 사회(社會) 구성원(構成員)에 의하여 습득, 공유, 전달되는 행동 양식(樣式)이나 생활 양식(樣式)의 과정 및 그 과정에서 이룩하여 낸 물질적·정신적 소득을 통틀어 이르는 말. (化 될 화) |

文

門

문 문   부수: 門(문문) 총 8획

丨 冂 冂 冃 門 門 門 門

두 개의 문짝이 있는 문의 모양을 본떠 만든 글자로 문짝을 맞추어 닫는 출입구라는 뜻이 있어요.

| 窓門 창문 | 공기(空氣)나 빛이 들어올 수 있도록 벽에 만들어 놓은 작은 문(門). (窓 창 창) |
| 專門 전문 | 어떤 분야에 상당한 지식과 경험을 가지고 오직 그 분야만 연구하거나 맡음. 또는 그 분야. (專 오직 전) |

門

問

물을 **문**   부수 : 口(입구) 총 11획

丨 冂 冂 冂 冃 門 門 門 門 問 問

대문(門) 앞에서 남의 안부를 묻거나(口) 죄인에게 따져 물으니 묻는 것을 나타내지요.

問安 문안	웃어른에게 안부(安否)를 여쭘. (安 편안 안)
問答 문답	물음과 대답(對答). (答 대답 답)

物

물건**물**, 만물**물**   부수 : 牛(소우) 총 8획

丿 丨 牛 牛 牛 物 物 物

옛날부터 소(牛)는 중요한 재물이었어요. 그래서 깃발(勿)을 휘날릴 만큼 소중한 물건이었다고 해요.

物件 물건	사람이 필요(必要)에 따라 만들어 내거나 가공(加工)하여 어떤 목적(目的)으로 이용(利用)하는 들고 다닐 만한 크기의 일정(一定)한 형태(形態)를 가진 대상(對象). 물품(物品). (件 물건 건)
植物 식물	온갖 나무와 풀의 총칭(總稱). 반대어로 動物(동물). (植 심을 식)

民

백성 민 부수: 氏(각시씨) 총 5획

㇐ ㇇ 尸 尸 民

옛날에는 글자를 익히는 사람이 많지 않아서 대부분의 백성이 글자를 모르는 까막눈이었어요. 그래서 눈이 보이지 않아 무지하며, 교육을 받지 않은 일반 사람을 백성이라 했어요.

國民 국민 한 나라의 통치권(統治權) 아래에 그 나라의 국적(國籍)을 가지고 있는 사람.
(國 나라 국)

住民 주민 그 땅에 사는 백성(百姓).
(住 주거 주)

民

方

모 방, 본뜰 방, 괴물 망 부수: 方(모방) 총 4획

㇔ ㇐ 方 方

양쪽에 손잡이가 달린 쟁기의 모양을 본떠 만들었어요.

方法 방법 ① 일이나 연구(研究) 등을 해 나가는 길이나 수단(手段). ② 일정(一定)한 목적(目的)을 이루기 위하여 취하는 솜씨. (法 법 법)

四方 사방 방위(方位). 곧 동(東), 서(西), 남(南), 북(北)의 총칭(總稱).
(四 넉 사)

方

白

흰 백   부수: 白(흰백) 총 5획

丿 亻 冂 宀 白

햇빛(日)에서 햇살이 쏟아지는 모습을 본뜬 글자로 밝고 희다는 뜻을 담고 있어요.

明白 명백	의심(疑心)할 것 없이 아주 뚜렷하고 환함. (明 밝을 명)
告白 고백	숨긴 일이나 생각한 바를 사실(事實)대로 솔직(率直)하게 말함. (告 알릴 고)

白	白	白	白	白	白

百

일백 백   부수: 白(흰백) 총 6획

一 丆 丆 丆 百 百

하나(一)부터 100까지 숫자를 세어서 밝게(白)한다는 뜻을 담아 백을 나타내요.

百勝 백승	언제든지 이김. (勝 이길 승)
百態 백태	온갖 자태(姿態). (態 모습 태)

百	百	百	百	百	百

父

아비 부

부수 : 父(아비부) 총 4획

丶 ㇒ 冫 父

회초리를 손에 들고 자식을 훈계하는 엄한 사람이 바로 아버지예요.

父母 부모	어버이. 아버지와 어머니. (母 어미 모)
父子 부자	아버지와 아들. (子 아들 자)

父

夫

지아비 부

부수 : 大(큰대) 총 4획

一 二 ㇇ 夫

머리에 상투를 튼(ㅗ) 큰 사람(大)이 바로 대장부이고 남편이지요.

夫婦 부부	남편(男便)과 아내. (婦 아내 부)
工夫 공부	학문(學問)이나 기술(技術)을 닦는 일. (工 장인 공)

夫

北

북녘북, 달아날배 부수: 匕(비수비) 총 5획

丨 ㅏ ㅓ ㅓヒ 北

북쪽은 춥기 때문에 사람들이 등지고 앉아요. 그래서 사람들이 서로 등지고 있는 모양이고, 배신(背)하다는 뜻도 있어요.

南北 남북 — 남쪽과 북쪽. (南 남녘 남)

敗北 패배 — 싸움에 져서 도망(逃亡)함. (敗 패할 패)

北	北	北	北	北	北

不

아니불, 아닐부 부수: 一(한일) 총 4획

一 ア 不 不

새가 날아 올라가서 내려오지 않음을 본떠 만든 글자예요.

不幸 불행 — ① 행복(幸福)하지 못함. ② 일이 순조(順調)롭지 못하고 탈이 많음. (幸 행복 행)

不足 부족 — ① 필요(必要)한 양이나 한계(限界)에 미치지 못하고 모자람. 넉넉하지 못함. ② 만족(滿足)하지 않음. 마음에 차지 않음. (足 발 족)

不	不	不	不	不	不

四	넉 사	부수: 口(큰입구몸) 총5획
	一 冂 冂 四 四	
	에워싼 부분을 사방으로 나눈다는 말에요. 나라(口)를 사방으로 나누면 네 개가 되지요. 옛날엔 숫자를 나타낼 때 가로 장대 네 개를 사용했는데 三(삼)과 혼동되기 쉬워서 전국시대 무렵부터 四(사)를 빌려 썼다고 해요.	

四方 사방	동(東), 서(西), 남(南), 북(北)의 방위를 통틀어 이르는 말. (方 모 방)
四書 사서	중국(中國)의 고전(古典) 중 『논어(論語)』, 『맹자(孟子)』, 『중용(中庸)』, 『대학(大學)』을 이르는 말. (書 글 서)

四					

事	일 사	부수: 亅(갈고리궐) 총8획
	一 二 亓 亓 亘 写 写 事	
	깃발을 단 깃대를 손으로 세우고 있는 모양을 본떠 만든 글자로 역사의 기록을 일삼아 한다고 해서 일을 뜻해요.	

事典 사전	여러 가지 사항(事項)을 모아 일정한 순서로 배열하고 그 각각에 해설(解說)을 붙인 책(册). (典 법 전)
事後 사후	일이 끝난 뒤나 일을 끝낸 뒤. (後 뒤 후)

事					

山

뫼 산

부수 : 山(뫼산) 총 3획

丨 山 山

산봉우리가 뾰족뾰족하게 이어지는 모양을 본떠 만들었어요.

山羊 산양	솟과의 포유류로 천연기념물 제217호이며, 식물의 잎과 연한 줄기를 먹고 바위 구멍에 보금자리를 만듦. (羊 양 양)
山中 산중	산의 가운데, 또는 높은 산이 있거나 산이 많은 곳. (中 가운데 중)

算

셀 산, 셈 산

부수 : 竹(대죽) 총 14획

⺮ ⺮⺮ 筲 筲 筧 算 算

대나무(竹)를 갖추어(具)서 손으로 헤아려 센다는 뜻이 합하여 셈하다가 돼요.

算定 산정	셈하여 정(定)함. (定 정할 정)
算出 산출	어떤 수치(數值)를 계산(計算)하여 냄. (出 날 출)

三	석 **삼**	부수: 一(한일) 총3획
	一 二 三	
	세 손가락을 옆으로 펴거나 나무젓가락 셋을 옆으로 뉘어 놓은 모양이에요.	

三國 삼국	세 나라, 우리나라의 신라(新羅), 백제(百濟), 고구려(高句麗)를 말함. (國 나라 국)
三足烏 삼족오	중국(中國) 고대(古代) 신화(神話)에 나오는 해 속에서 산다는 세 발 가진 까마귀. (足 다리 족, 烏 까마귀 오)

三							

上	위 **상**	부수: 一(한일) 총3획
	丨 ㅏ 上	
	기준선(一)보다 높은 위치에 물건(卜)이 있으니 위가 되지요.	

上京 상경	시골에서 서울로 올라옴. (京 서울 경)
上告 상고	① 윗사람에게 알림. ② 민사소송법(民事訴訟法) 상으로는 종국(終局) 판결(判決)에 대한 법률심(法律審)에의 상소(上訴). (告 알릴 고)

上							

色	빛색	부수 : 色(빛색) 총6획
	ノ ⺈ ⺈ 彑 刍 色	
	사람(人)의 마음과 안색은 무릎을 꿇은 모양(卩=巴)과 일치한다는 데서 '안색', '빛깔'을 뜻해요.	

色感 색감	빛깔에서 받는 느낌, 또는 색채(色彩)의 감각(感覺). (感 느낄 감)
色素 색소	물체(物體)의 색의 본질(本質), 또는 물체(物體)에 빛깔을 나타내게 하는 염료(染料) 등의 성분(成分). (素 본디 소)

色	色	色	色	色	色

生	날생, 태어날생	부수 : 生(날생) 총5획
	ノ ⺈ 一 牛 生	
	풀(十)이 땅(土) 위에서 돋아나거나 싹트는 모양으로 '생기다', '태어나다'를 나타내요.	

先生 선생	학생(學生)을 가르치는 사람. (先 먼저 선)
學生 학생	배우는 사람, 학교(學校)에 다니면서 공부(工夫)하는 사람. (學 배울 학)

生	生	生	生	生	生

	서녘 **서**	부수 : 襾(덮을아) 총 6획
	一 丆 亓 西 西 西	
	옛날에는 해를 세 발 까마귀라고 생각했어요. 해는 동쪽에서 떠서 서쪽으로 지잖아요. 그래서 새(세 발 까마귀)가 둥지에 내려앉은 모양을 본뜬 거예요.	

西北 서북	서쪽과 북쪽. (北 북녘 북)
西海 서해	서쪽에 있는 바다. (海 바다 해)

	저녁 **석**	부수 : 夕(저녁석) 총 3획
	ノ ク 夕	
	달 월(月)에서 한 획을 줄여서 저녁을 나타내요.	

秋夕 추석	우리나라 명절(名節)의 하나, 음력(陰曆) 8월 보름. 중추절(中秋節), 한가위. (秋 가을 추)
夕刊 석간	저녁에 발행(發行)된 신문(新聞). (刊 새길 간)

先

먼저 선 부수: 儿(어진사람인발) 총6획

丿 ㅗ 卜 뉴 失 先

소(牛)와 어진사람이(儿)이 걸어갈 때는 소가 먼저 가요.

先祖 선조	할아버지 이상의 조상(祖上). (祖 조상 조)
先親 선친	자기(自己)의 돌아가신 아버지를 남에게 일컫는 말. (親 친할 친)

先 先 先 先 先 先 先

姓

성 성 부수: 女(계집녀) 총8획

ㄣ 乆 女 女 女 姓 姓

여자(女)에게 태어난(生) 같은 혈족에게 성이 부여되는 거랍니다.

姓名 성명	성과 이름. (名 이름 명)
百姓 백성	나라의 근본을 이루는 일반(一般) 국민(國民). (百 일백 백)

姓 姓 姓 姓 姓 姓 姓

대 **세**　　　　　　부수: 一(한일) 총 5획

一 十 卄 丗 世

세 개의 십(十)을 이어서 삼십 년을 뜻하며, 삼십 년을 한 세대라고 해요.

| 世上 세상 | ① 사람이 살고 있는 모든 사회(社會)를 통틀어 이르는 말. ② 한 사람이 태어나서 죽을 때까지의 동안. (上 윗 상) |
| 世子 세자 | 왕의 자리를 이을 왕자(王子). 왕세자(王世子). (子 아들 자) |

世

작을 **소**　　　　　　부수: 小(작을소) 총 3획

亅 小 小

한가운데의 갈고리(亅)를 중심으로 물건을 작게 나누다의 뜻을 가지고 있어요.

| 小人 소인 | 나이 어린 사람, 또는 몸집이 몹시 작은 사람. (人 사람 인) |
| 小說 소설 | 작가의 상상력에 바탕을 두고 허구적으로 이야기를 꾸며 나가거나 사실을 각색한 산문체의 문학 양식. (說 말씀 설) |

小

少

적을 소

부수: 小(작을소) 총 4획

丿 小 小 少

작은(小) 물체의 일부분이 떨어져 나가 적어지는 모양을 본떠 만들었으며, '적다'를 뜻해요.

| 少女 소녀 | 완전(完全)히 성숙(成熟)하지 않고 아주 어리지도 않은 여자(女子) 아이. (女 계집 녀) |
| 少年 소년 | 완전(完全)히 성숙(成熟)하지 않고 아주 어리지도 않은 사내 아이. (年 해 년) |

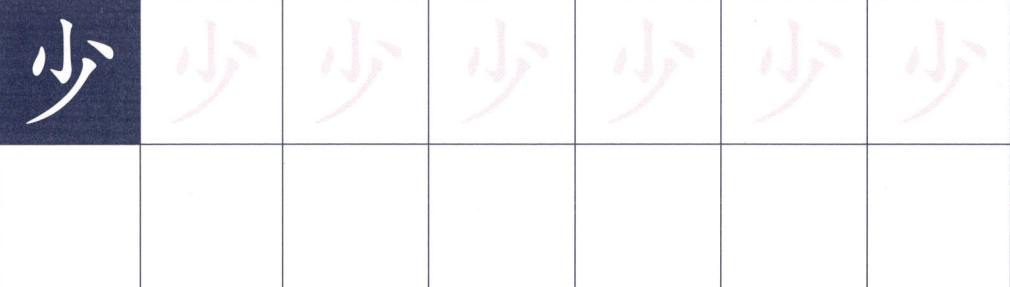

所

바 소

부수: 戶(지게호) 총 8획

丶 丆 戶 戶 戶 所 所 所

도끼(斤)로 찍은 그 곳이라는 뜻이 합하여 '곳'을 뜻해요.

| 所感 소감 | 특별(特別)한 일, 특히 기쁜 일이나 뜻깊은 일을 겪고 난 뒤 마음에 느낀 바 또는, 느낀 바의 생각. (感 느낄 감) |
| 所出 소출 | 일정(一定)한 논밭에서 나는 곡식(穀食), 또는 그 곡식의 양(量). (出 날 출) |

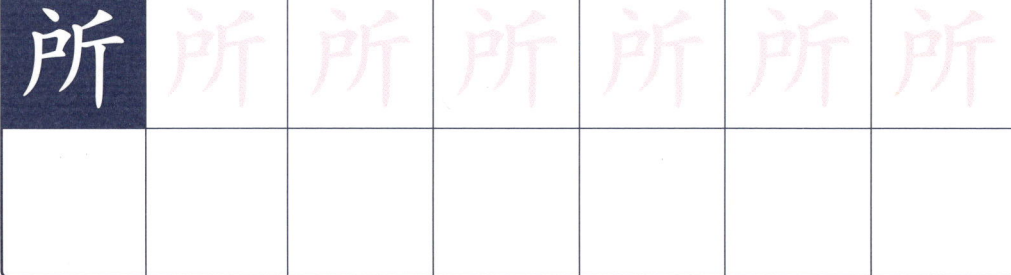

水	물 수	부수 : 水(물수) 총 4획
	ㅣ 가 水 水	
	시냇물이 흐르고 있는 모양을 본떠 만든 글자로 물을 뜻해요.	

雨水 우수	빗물, 24절기(節氣)의 하나로 날씨가 많이 풀려 초목이 싹트는 시기(時期). (雨 비 우)
山水 산수	산과 물, 곧 '자연(自然)의 산천(山川)'을 일컫는 말. (山 뫼 산)

水					

手	손 수	부수 : 手(손수) 총 4획
	ㅜ ㄷ 三 手	
	다섯 손가락을 편 모양을 본떠 만든 글자에요.	

手動 수동	손으로 움직임. (動 움직일 동)
手才 수재	학문(學問), 지능(知能)이 뛰어난 사람. (才 재주 재)

手	手	手	手	手	手	手

數

셀 수   부수: 攵(등글월문) 총 15획

口 曰 甲 吕 昌 曲 婁 婁 婁 數 數

여자(女子)가 머리 위에 물건을 넣은 자루(貴)를 이어 나르는 일을 하면(攵)서 손으로 셈을 했으니 숫자를 세다를 나타내요.

數量 수량	수효(數爻)와 분량(分量). (量 헤아릴 량)
數學 수학	수(數), 양(量) 및 공간(空間)의 도형(圖形)에 있어서의 여러 관계(關係)에 관(關)하여 연구(研究)하는 학문(學問). 산수(算數). (學 배울 학)

數 | 數 | 數 | 數 | 數 | 數 | 數

市

저자 시   부수: 巾(수건건) 총 5획

丶 一 亠 巿 市

옷(巾)을 차려 입고 장보러 간다(之)는 뜻을 합하여 저잣거리, 시장을 나타내요.

市場 시장	도회지(都會地)에서 날마다 서는 물건(物件)을 사고파는 곳. 일용품(日用品), 식료품(食料品) 따위를 한곳에 모아 파는 곳. (場 마당 장)
市廳 시청	시(市)의 행정(行政) 사무(事務)를 맡아보는 기관, 또는 그 청사(廳舍). (廳 관청 청)

市 | 市 | 市 | 市 | 市 | 市 | 市

時

때 **시** 부수: 日(날일) 총 10획

丨 冂 冃 日 日一 旷 旷 旷 時 時

태양(日)이 일정한 규칙(寺)에 의해 움직이니 때를 나타내지요.

| 時空 시공 | 시간(時間)과 공간(空間). (空 빌 공) |
| 時論 시론 | 한 시대(時代)의 여론(輿論). 그때그때 일어나는 시사(時事)에 대(對)한 평론(評論)이나 의논(議論). (論 논할 론) |

時

食

밥 **식**, 먹이 **사** 부수: 食(밥식) 총 9획

人 𠆢 今 今 令 食 食

사람(人)이 살아가기 위해 좋아하며(良) 즐겨먹는 음식이 바로 '밥' 이에요.

| 食口 식구 | 한 집안에서 같이 살면서 끼니를 함께 먹는 사람. (口 입구) |
| 食堂 식당 | 음식(飮食)만을 먹는 방(房), 또는 간단(簡單)한 음식(飮食)을 파는 집. (堂 집당) |

植

심을 식 부수 : 木(나무목) 총 12획

一 十 才 才 木 札 柏 枯 枯 植 植 植

나무(木)를 곧게(直) 세워 땅에 심는다는 뜻이에요.

植木 식목	나무를 심음. (木 나무 목)
植木日 식목일	나무를 아껴 가꾸고 많이 심기를 권장(勸奬)할 목적(目的)으로 제정(制定)된 날. (木 나무목, 日 날 일)

植 植 植 植 植 植

室

집 실 부수 : 宀(갓머리) 총 9획

丶 丶 宀 宀 宀 宊 宓 室 室

사람이 이르러(至) 사는 집(宀)이라는 뜻이 합하여 만들어졌어요.

室內 실내	방안. (內 안 내)
敎室 교실	유치원, 초등학교, 중·고등학교에서 학습 활동이 이루어지는 방. (敎 가르칠 교)

室 室 室 室 室 室

마음 심

부수: 心(마음심) 총 4획

丶 心 心 心

사람의 심장 모양을 본떠 만들었으니 마음을 나타내요.

心志 심지 — 마음에 품은 뜻.
(志 뜻 지)

心神 심신 — 마음과 정신(精神).
(神 귀신 신)

心

열 십

부수: 十(열십) 총 2획

一 十

옛날에는 한 묶음이 열 개였어요. 그래서 열 개를 끈으로 묶었다는 말이에요.

六十 육십 — 예순. 열의 여섯 배가 되는 수(數).
(六 여섯 육)

十萬 십만 — 만의 열 배 되는 수.
(萬 일만 만)

十

| 편안할 안 | 부수: 宀(갓머리) 총 6획 |

丶 丷 宀 灾 安 安

집 안(宀)에 여자(女)가 있으니 편안하다고 생각했데요.

| 安定 안정 | 일이나 마음이 평안(平安)하게 정(定)하여짐. 흔들리지 않고 안전(安全)하게 자리가 잡힘. (定 정할 정) |
| 安寧 안녕 | 걱정이나 탈이 없음. 또는 몸이 건강(健康)하고 마음이 편안(便安)함. (寧 안녕 녕) |

| 말씀 어 | 부수: 言(말씀언) 총 14획 |

丶 一 ニ 三 言 言 言 言 訂 訝 語 語 語 語

서로 말(言)을 주고받으며(吾) 이야기하니 말씀이 되지요.

| 語學 어학 | 언어(言語)에 대해 연구(研究)하는 학문(學問). (學 배울 학) |
| 語錄 어록 | 훌륭한 학자(學者)나 지도자(指導者)들이 한 말을 간추려 모은 기록(記錄). (錄 적을 록) |

然	그럴 연, 불탈 연	부수: 灬(연화발) 총 12획
	ク タ 夕 夕 夕 夕 然 然	
	개(犬) 고기(月=肉)를 불(火)에 구워 먹어야 하는 것은 당연하다는 뜻이에요.	

然則 연즉	그런즉, 그러면. (則 곧 즉, 법칙 칙)
然後 연후	그러한 뒤. (後 뒤 후)

然					

五	다섯 오	부수: 二(두이) 총 4획
	一 丁 五 五	
	하늘(一)과 땅(一) 사이에 음양이 조화되는 기본원리가 교차(メ) 되어 있다는 말이에요. 옛날 사람들은 그걸 오행(五行)이라고 했어요. 오행은 불, 물, 나무, 쇠, 흙 다섯 가지를 말해요. 그래서 다섯 오가 된 거지요.	

五倫 오륜	사람이 지켜야 할 다섯 가지의 떳떳한 도리(道理). (倫 인륜 륜)
五月 오월	한 해 가운데 다섯째 달. (月 달 월)

五	五	五	五	五	五

午

낮 오, 일곱째 지지 오   부수 : 十(열십) 총 4획

丿丶二午

똑바로 세운 절굿공이 막대를 꽂아 한낮임을 알았다는 데서 낮을 뜻해요. 십이지의 일곱째 글자이기도 하지요.

午前 오전	자정으로부터 낮 열두 시까지의 동안. (前 앞 전)
午睡 오수	낮잠. 낮에 자는 잠. (睡 졸음 수)

午	午	午	午	午	午	午

王

임금 왕   부수 : 王(구슬옥변) 총 4획

一 二 千 王

하늘(一)과 땅(一)과 사람(一)을 두루 꿰뚫어(丨) 다스리는 지배자를 '왕'이라 불렀어요.

王道 왕도	임금으로서 마땅히 지켜야 할 도리(道理). (道 길 도)
女王 여왕	여자(女子) 임금. (女 계집 녀)

王	王	王	王	王	王	王

外

밖 **외** 부수: 夕(저녁석) 총 5획

丿 ク 夕 外 外

저녁 석(夕)과 점(卜)이 붙은 글자에요. 옛날 중국 사람들은 전쟁을 자주 했어요. 전쟁터에 나가면 적군이나 짐승이 공격할까 두려워서 저녁에는 점을 쳤다고 해요. 전쟁 때문에 밖에서 자야 했기 때문에 이러한 글자가 생겼어요.

海外 해외 — '바다 밖의 다른 나라' 라는 뜻으로 '외국(外國)' 을 일컫는 말.
(海 바다 해)

外交 외교 — 일을 하기 위(爲)하여 밖의 사람과 교제(交際)함.
(交 사귈 교)

外

右

오른쪽 **우** 부수: 口(입구) 총 5획

丿 ナ 十 右 右

식사할 때 밥을 먹는(口) 손(又)이니 바로 오른쪽을 나타내요.

右側 우측 — 오른쪽.
(側 곁 측)

右舷 우현 — 오른쪽의 뱃전.
(舷 뱃전 현)

右

	달 **월**	부수 : 月(달월) 총 4획
月	ノ 刀 月 月	
	차고 이지러짐이 있는 달의 모양을 표현한 글자예요. 달 속에서 옥토끼 두 마리가 방아를 찧는 모습이라고도 하지요.	

月光 월광	달빛. 달에서 비쳐 오는 빛. (光 빛 광)
日月 일월	해와 달. (日 날 일)

月	月	月	月	月	月	月

	있을 **유**	부수 : 月(달월) 총 6획
有	ノ ナ オ 冇 有 有	
	손(又)에 고기(肉=月)를 가지고 있으니 뭔가가 있다는 것을 뜻해요.	

有功 유공	공로(功勞)가 있음. (功 공로 공)
有害 유해	해가 있음. 해로움. (害 해칠 해)

有	有	有	有	有	有	有

기를 육　　　　　　부수:月(육달월) 총8획

丶一ナ去方育育育

갓난아이를 잘 보살피고
기르(月=肉)니 기를 육이 돼요.

| 育成 육성 | 어떤 종류(種類)나 무리의 사람을 가르쳐서 기르거나 어떤 품종(品種)의 동물(動物)이나 식물(植物)을 길러 자라게 하는 것. (成 이룰 성) |
| 育兒 육아 | 어린아이를 기름. (兒 아이 아) |

고을 읍　　　　　　부수:邑(고을읍) 총7획

丨口口므吕믑邑

나라(口)에는 크고 작은 고을들이 많아요.

| 邑圖 읍도 | 한 읍의 지도(地圖). (圖 그림 도) |
| 邑民 읍민 | 읍내(邑內)에 사는 사람. (民 백성 민) |

二	두 이	부수 : 二(두이) 총 2획
	一 二	
	두 개의 손가락을 펴거나 나무젓가락 두 개를 옆으로 뉘어 놓은 모양을 본떠 만들었어요.	

二重 이중	두겹, 중복(重複). (重 무게 중)
六二五 육이오	6·25 전쟁(戰爭). (六 여섯 육, 五 다섯 오)

二							

人	사람 인	부수 : 人(사람인) 총 2획
	ノ 人	
	사람이 허리를 굽히고 서 있는 것을 옆에서 본 모양을 본떠 만들었어요.	

人事 인사	안부(安否)를 묻거나 공경(恭敬)의 뜻을 표(表)하는 일. (事 일 사)
個人 개인	한 사람 한 사람. (個 낱 개)

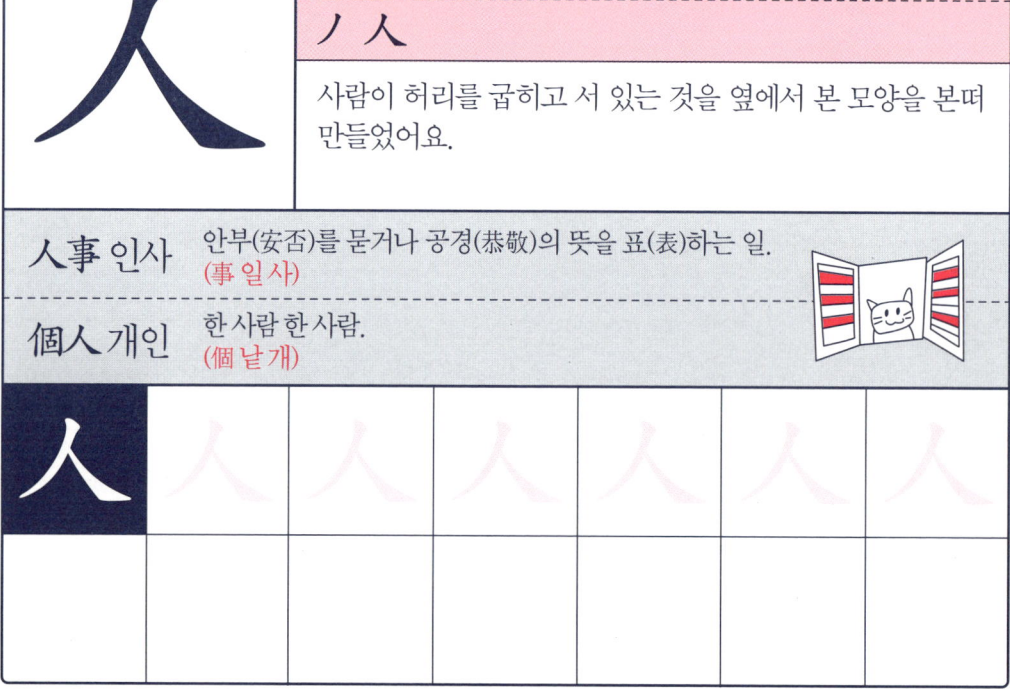

一

한 일

부수 : 一(한일) 총 1획

一

한 손가락을 옆으로 펴거나 나무젓가락 하나를 옆으로 뉘어 놓은 모양을 본떠 만들었어요.

一年 일년	한 해. (年 해 년)
一家 일가	한집안. 한 가족. (家 집 가)

一						

日

날 일

부수 : 日(날일) 총 4획

丨 冂 日 日

하늘에 떠 있는 해를 본떠 만들었어요.

日記 일기	날마다 규칙적으로 하루의 일을 되돌아보면서, 그 날 있었던 일이나 자기(自己)의 생각이나 느낌 따위를 솔직(率直)하게 적는 글. (記 기록 기)
每日 매일	하루하루의 모든 날. (每 매양 매)

日	日	日	日	日	日	日

入

들 입 　　부수 : 入(들입) 총 2획

丿 入

굴이나 토담집 등에 들어가는 모양을 본떠 만들었어요.

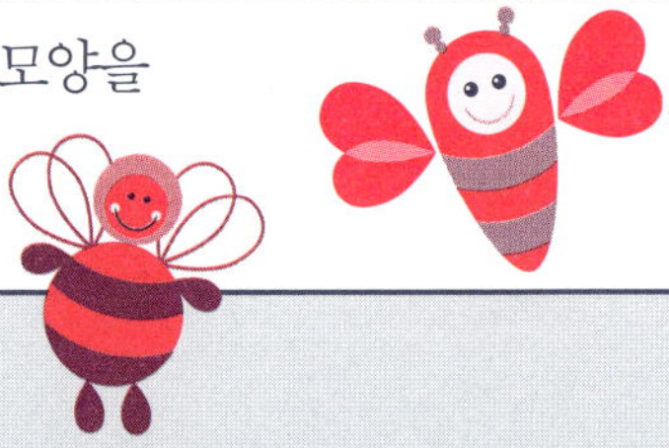

入學 입학	학교(學校)에 들어감. (學 배울 학)
入社 입사	회사(會社)에 취직(就職)하여 들어감. (社 모일 사)

入	入	入	入	入	入	入

ㅈ

自

스스로 자 　　부수 : 自(스스로자) 총 6획

丿 亻 冂 白 自 自

사람의 코 모양을 본뜬 글자로 코는 자기 자신을 나타내기 때문에 스스로란 뜻이 있어요.

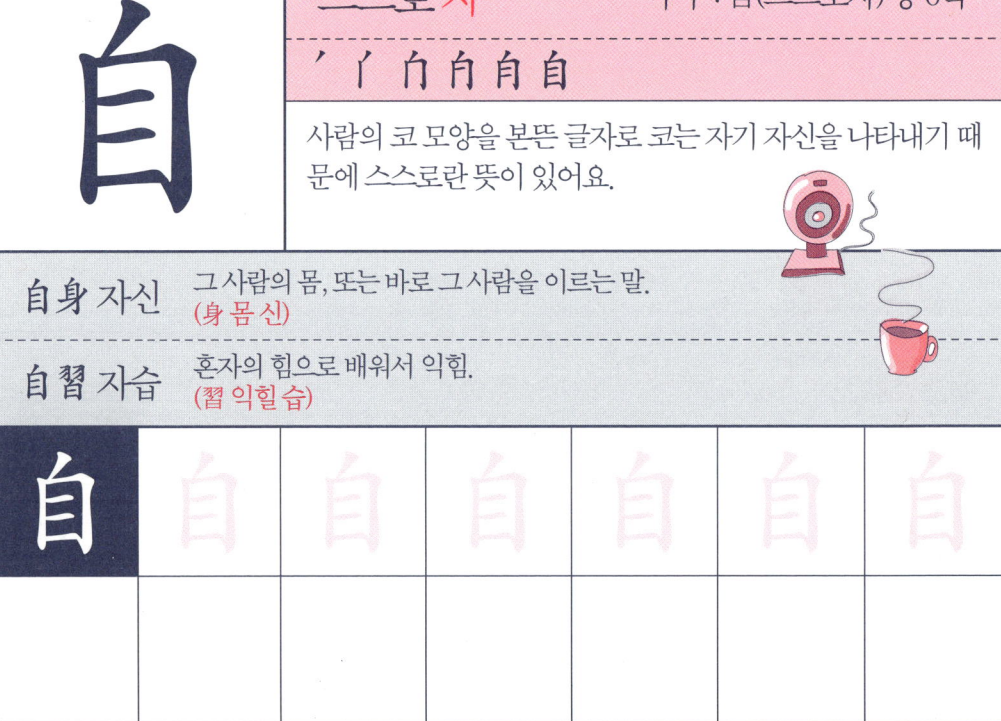

自身 자신	그 사람의 몸, 또는 바로 그 사람을 이르는 말. (身 몸 신)
自習 자습	혼자의 힘으로 배워서 익힘. (習 익힐 습)

自	自	自	自	自	自	自

子	아들 자	부수: 子(아들자) 총3획
	ㄱ 了 子	
	어린아이가 두 팔을 벌리고 서 있는 모양을 본떠 만든 글자로 아들을 뜻해요.	

子女 자녀	아들과 딸을 아울러 이르는 말. (女 계집 녀)
弟子 제자	스승으로부터 가르침을 받는 사람. (弟 아우 제)

子							

字	글자 자	부수: 子(아들자) 총6획
	丶 ㆍ 宀 宀 字 字	
	집 안(宀)에 아들(子)이 태어나는 것처럼 옛날에는 계속해서 생겨나는 것이 글자라고 생각했데요.	

文字 문자	글자. 예전부터 전(傳)하여 내려오는 어려운 말귀. (文 글월 문)
漢字 한자	중국어(中國語)를 표기(表記)하는 문자(文字). 표의적(表意的) 음절(音節) 문자(文字)로 우리나라나 일본(日本) 등에서도 널리 쓰이고 있음. (漢 나라 한)

字	字	字	字	字	字	字

長

길 장   부수: 長(길장) 총 8획

丨 ㄧ ㄩ ㄕ 巨 乕 長 長

머리카락이 긴 노인이 지팡이를 짚고 서 있는 모양을 본떠 만들었어요. 윗부분은 머리카락이 날리는 모습이지요. 그래서 길다는 의미가 파생되었답니다.

成長 성장	사람이나 동식물 따위가 자라서 점점 커짐. (成 이룰 성)
長男 장남	맏아들. (男 사내 남)

長	長	長	長	長	長	長

場

마당 장   부수: 土(흙토) 총 12획

一 十 土 圤 圹 坦 坦 坍 坍 埸 場 場

흙(土)으로 평평하게 만든 넓은 데서 해가 솟는(昜) 것을 보는 곳, 곧 마당을 말해요.

場所 장소	어떤 일이 이루어지거나 일어나는 곳. (所 바 소)
牧場 목장	소·말·양 따위를 놓아먹이는 넓은 구역(區域)의 땅. (牧 기를 목)

場	場	場	場	場	場	場

電

번개 **전**   부수: 雨(비우) 총 13획

一 宀 宂 雨 雨 雨 雨 電

비(雨)가 올 때 번갯불 모양(申)이 보이니 번개를 나타내지요.

| 原電 원전 | 원자력(原子力) 발전(發電). 원자력(原子力) 발전소(發電所). **(原 근본 원)** |
| 電話 전화 | 전화기(電話機)를 이용(利用)하여 서로 이야기를 주고받음. **(話 대화 화)** |

電 | 電 | 電 | 電 | 電 | 電

全

온전할 **전**   부수: 入(들입) 총 6획

丿 入 仌 仐 全 全

왕(王)이 들어오니(入) 온전하다 또는 갖추다의 뜻이 돼요.

| 全體 전체 | 온몸. 전신(全身). 전부(全部). 개개 또는 부분의 집합으로 구성된 것을 몰아서 하나의 대상으로 삼는 경우에 바로 그 대상. **(體 몸 체)** |
| 安全 안전 | 편안(便安)하여 탈이나 위험성(危險性)이 없음. 또는 그런 상태. **(安 편안 안)** |

全 | 全 | 全 | 全 | 全 | 全

前

앞 전 부수: 刂(선칼도방) 총 9획

丶 丷 ⺍ 丷 䒑 肀 刖 前 前

배(月=舟)를 타고 칼(刂=刀)을 휘두르며 나아가는(止) 방향이니 바로 앞이지요.

事前 사전: 어떤 일을 시작(始作)하거나 실행(實行)하기 전, 또는 일이 일어나기 전(前). (事 일 사)

前後 전후: 앞과 뒤. 먼저와 나중. (後 뒤 후)

前 | 前 | 前 | 前 | 前 | 前 | 前

正

바를 정 부수: 止(그칠지) 총 5획

一 丅 下 正 正

한(一) 가지 길일지라도 멈추어(止) 서서 살피니 바르다는 뜻이 돼요.

正直 정직: 거짓이나 꾸밈이 없이 성품(性品)이 바르고 곧음. (直 곧을 직)

正確 정확: 어떤 기준(基準)이나 사실(事實)에 잘못됨이나 어긋남이 없이 바르게 맞는 상태(狀態)에 있는 것. (確 굳을 확)

正 | 正 | 正 | 正 | 正 | 正 | 正

弟	아우 제	부수: 弓(활궁) 총 7획
	丶 丷 丛 쓰 쓰 弟 弟	
	활(弓)을 가지고 노는 아이의 모습을 본떠 만든 글자예요.	

| 弟子 제자 | 스승으로부터 가르침을 받는 사람.
(子 아들 자) |
| 師弟 사제 | 스승과 제자(弟子).
(師 스승 사) |

弟						

祖	조상 조, 할아버지 조	부수: 示(보일시) 총 10획
	一 二 亍 示 𥘇 𥘉 𥘊 祖	
	제사상(示)에 고기나 음식을 겹쳐 쌓아 올려(且) 모시니 조상 또는 할아버지를 뜻해요.	

| 祖上 조상 | 한 집안이나 한 민족(民族)의 옛 어른들.
(上 윗 상) |
| 祖國 조국 | 조상(祖上) 적부터 살던 나라. 자기(自己)의 국적이 속하여 있는 나라.
(國 나라 국) |

祖	祖	祖	祖	祖	祖	祖

足

발족, 지나칠주 　　부수: 足(발족) 총 7획

丨 口 口 卩 무 무 足 足

무릎에서 발끝까지의 모양을 본떠 만든 글자예요.

滿足 만족	마음에 모자람이 없어 흐뭇함. (滿 찰 만)
洽足 흡족	아주 넉넉함, 두루 퍼져서 조금도 모자람이 없음. (洽 화할 흡)

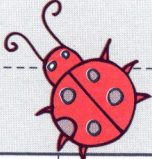

足	足	足	足	足	足	足

左

왼좌　　부수: 工(장인공) 총 5획

一 ナ 𠂇 左 左

도구(工)를 잡는 손(𠂇)이니 왼쪽을 나타내요.

左便 좌편	왼쪽. (便 편할 편)
左遷 좌천	관리(官吏)가 높은 자리에서 낮은 자리로 떨어지거나 외직으로 전근됨을 이르는 말. (遷 옮길 천)

左	左	左	左	左	左	左

임금 주, 주인 주   부수: 丶(점주) 총 5획

丶 亠 亠 主 主

등불(丶)과 촛대의 모양(王)을 본떠 만들었으며 등불의 중심은 바로 주인, 군주래요. 원래 왕과는 관련이 없어요.

主張 주장	자기(自己) 의견(意見)을 굳이 내세움. (張 베풀 장)
主婦 주부	한 가정의 살림살이를 맡아 꾸려 가는 안주인. (婦 아내 부)

살 주   부수: 亻(사람인변) 총 7획

丿 亻 亻 亻 住 住 住

사람(亻=人)이 주인(主)처럼 머무르니 사는 곳을 뜻해요.

住所 주소	사는 곳. (所 바 소)
住宅 주택	①살림살이를 할 수 있도록 지은 집. ②사람이 살 수 있도록 지은 집. (宅 집 택)

가운데 중

부수: ㅣ(뚫을곤) 총 4획

丨 口 中

사물(口)의 한가운데를
상하로 꿰뚫(丨)으니 중심, 또는 중앙을 뜻해요.

中心 중심   한가운데, 복판, 중요(重要)하고 기본(基本)이 되는 부분(部分).
(心 마음 심)

心中 심중   마음속.
(心 마음 심)

 中 中 中 中 中 中

무거울 중

부수: 里(마을리) 총 9획

丿 一 亼 盲 申 重 重

천(千) 개의 마을(里)이 있으니 넓고 크고 무겁겠죠.

尊重 존중   높이고 중(重)히 여김.
(尊 높을 존)

重要 중요   매우 귀중(貴重)하고 소중(所重)함.
(要 구할 요)

 重 重 重 重 重 重

종이 **지**　　　부수: 糸(실사) 총 10획

丿 亠 幺 幺 糸 糸 糸 紅 紙 紙

섬유질(糸)이 얽혀(氏)서 만들어진 편편한 것이니 종이를 뜻해요.

休紙 휴지　　못 쓰게 된 종이. 밑씻개나 코를 풀거나 하는 데 쓰는 종이.
(休 쉴 휴)

便紙 편지　　소식(消息)을 서로 알리거나 용건(用件)을 적어 보내는 글, 또는 그리하는 일.
(便 편할 편)

땅 **지**　　　부수: 土(흙토) 총 6획

一 十 土 圤 地 地

흙(土)이 큰 뱀의 모양을 한 온 누리(也)에 깔려 있으니 땅을 말해요.

地位 지위　　개인(個人)이 차지하는 사회적(社會的) 위치(位置).
(位 자리 위)

宅地 택지　　집터. 집을 지을 땅.
(宅 집 택)

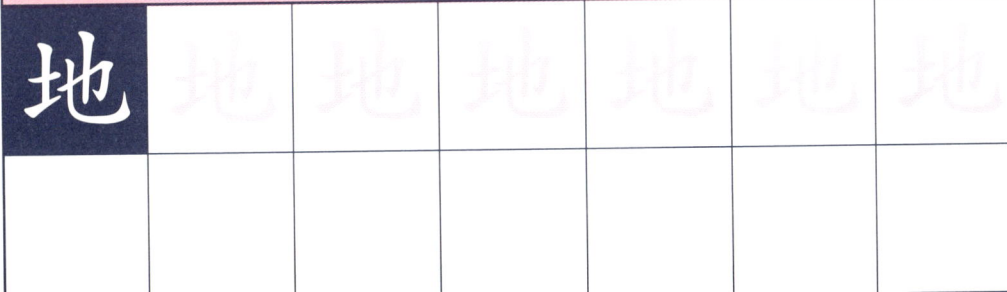

直

곧을 직

부수: 目(눈목) 총 8획

一 十 十 亡 古 肯 直 直

열(十) 개의 눈(目), 즉 여러 개의 눈으로 숨어 있는(乚) 것도 보니 곧고 바르게 볼 수 있어요.

直接 직접 — 중간(中間)에 매개(媒介)나 거리(距離)·간격(間隔) 없이 바로 접함.
(接 이을 접)

正直 정직 — 거짓이나 꾸밈이 없이 성품(性品)이 바르고 곧음.
(正 바를 정)

直	直	直	直	直	直

川

내 천

부수: 川(내천) 총 3획

丿 丿丿 川

언덕 사이로 물이 흐르고 있는 모양을 본떠 만든 글자예요.

河川 하천 — 강과 시내.
(河 하천 하)

深川 심천 — 깊은 내.
(深 깊을 심)

川	川	川	川	川	川

일천 천　　　　　　　부수 : 十(열십) 총 3획

丿 ニ 千

많은 수(十)의 사람(人)이니 천을 뜻해요.
옛날에는 십(十)이 많은 수를 뜻했어요.

| 千里 천리 | ① 십(十) 리(里)의 백 갑절. ② 썩 먼 거리(距離). ③ 멀리 떨어져 있는 거리 (距離). (里 마을 리) |
| 千年 천년 | ① 백 년의 열 갑절. ② 썩 오랜 세월(歲月). (年 해 년) |

하늘 천　　　　　　　부수 : 大(큰대) 총 4획

丿 ニ 千 天

사람이 서 있는(大) 데 그 위로 끝없이 펼쳐져 있는(一) 게 바로 하늘이지요.

| 天地 천지 | ① 하늘과 땅. ② 우주(宇宙). (地 땅 지) |
| 天然 천연 | ① 사람의 힘을 가(加)하지 않은 상태(狀態). ② 사람의 힘으로는 어떻게도 할 수 없는 상태(狀態). (然 그럴 연) |

青	푸를 청　　　　　　부수: 青(푸를청) 총 8획
	一 = 十 壵 丰 青 青 青
	붉은(丹) 틈에서 피어나는 새싹(生)은 더욱 푸르러 보인다는 뜻이 합쳐져서 '푸르다'를 뜻해요.

青山 청산　나무가 무성(茂盛)하여 푸른 산(山).
(山 뫼 산)

青春 청춘　십 대 후반(後半)에서 이십 대에 걸치는, 인생(人生)의 젊은 나이.
(春 봄 춘)

草	풀 초　　　　　　부수: ++(초두머리) 총 10획
	一 十 十 艹 芦 苦 草 草 草
	해(日)가 뜨는 동쪽(十)에서 풀(++=艸)이 돋아난다는 의미래요.

草木 초목　풀과 나무.
(木 나무 목)

草家 초가　볏짚·밀짚·갈대 등으로 지붕을 인 집. 초가집.
(家 집 가)

마디 **촌**   부수: 寸(마디촌) 총 3획

一 寸 寸

손목에서 맥박이 뛰는 곳을 표현한 것이에요. 옛날에는 길이를 '마디' 또는 '치'라 했어요.

| 三寸 삼촌 | 한 자의 10분의 3, 즉 세 치, 또는 아버지의 친형제(親兄弟). (三 석 삼) |
| 八寸 팔촌 | 여덟 치, 또는 삼종(三從) 형제(兄弟)되는 촌수(寸數). (八 여덟 팔) |

마을 **촌**   부수: 木(나무목) 총 7획

一 十 才 木 村 村 村

나무(木)를 중심으로 가까운 거리(寸)에 사람들이 모여 사니 마을이지요.

| 江村 강촌 | 강가에 있는 마을. (江 강 강) |
| 農村 농촌 | 농토(農土)를 끼고 농사(農事)를 짓는 사람들이 사는 마을. (農 농사 농) |

秋	가을 추	부수: 禾(벼화) 총9획
	ノ 二 千 チ 禾 禾 禾 秋 秋	
	곡식(禾)을 베어서 불(火)로 말리는 계절이니 가을을 뜻해요.	

秋夕 추석	우리나라 명절(名節)의 하나, 음력(陰曆) 8월 보름. 중추절(中秋節), 한가위. (夕 저녁 석)
立秋 입추	24절기(節氣)의 열셋째. 대서와 처서 사이에 드는 데, 양력(陽曆) 8월 8일이나 9일이 되며 이때부터 가을이 시작(始作)됨. (立 설 입)

秋	秋	秋	秋	秋	秋

春	봄 춘	부수: 日(날일) 총9획
	一 二 三 耒 春 春	
	풀(艹)이 돋아나도록(屯) 해(日)가 비추는 계절이 바로 봄이에요.	

春秋 춘추	① 봄과 가을. ② 어른의 나이에 대한 존칭(尊稱). ③ 춘추(春秋) 시대의 줄임. ④ 공자(孔子)가 엮은 것으로 오경(五經)의 하나. (秋 가을 추)
春分 춘분	24절기(節氣)의 넷째. 경칩(驚蟄)과 청명(淸明) 사이로 양력(陽曆) 3월 21일경(頃)으로 주야(晝夜)의 길이가 같음. (分 나눌 분)

春	春	春	春	春	春

	날 **출**	부수 : 凵(위튼입구몸) 총 5획
	丨 ㅗ ㅛ 出 出	
	식물의 싹(屮)이 땅 위로 돋아나는 모양(凵)을 본떠 만들어 '나다'를 뜻해요.	

出發 출발	목적지(目的地)를 향하여 나아감. 또는 어떤 일을 시작(始作)함. 또는 그 시작(始作). **(發 필 발)**
脫出 탈출	어떤 상황이나 구속 따위에서 빠져나옴. **(脫 벗을 탈)**

	일곱 **칠**	부수 : 一(한일) 총 2획
	一 七	
	하늘에 떠 있는 북두칠성의 모습을 본 뜬 글자에요. 북두칠성은 7개의 별로 이루어져 있지요.	

七夕 칠석	음력(陰曆) 7월 7일, 이때에 은하의 서쪽에 있는 직녀와 동쪽에 있는 견우가 오작교에서 일 년에 한 번 만난다는 전설이 있음. **(夕 저녁 석)**
七月 칠월	한 해의 열두 달 가운데 일곱째 달. **(月 달 월)**

E

土

흙토

부수: 土(흙토) 총 3획

一 十 土

싹이 흙을 뚫고 땅 위로 돋아나는 모양을 본떠 만든 글자예요.

土地 토지	땅, 흙, 논밭, 집터, 터. (地 땅 지)
風土 풍토	기후(氣候)와 토지(土地)의 상태(狀態). (風 바람 풍)

土	土	土	土	土	土

ㅍ

八

여덟 팔

부수: 八(여덟팔) 총 2획

丿 八

양손의 네 손가락씩 두 손을 편 모양이나 물건(物件)이 둘로 나누어지는 모양을 본떠 만들었어요.

八十 팔십	여든, 나이 여든 살. (十 열 십)
八月 팔월	일년 중 여덟 번째의 달, 추석. (月 달 월)

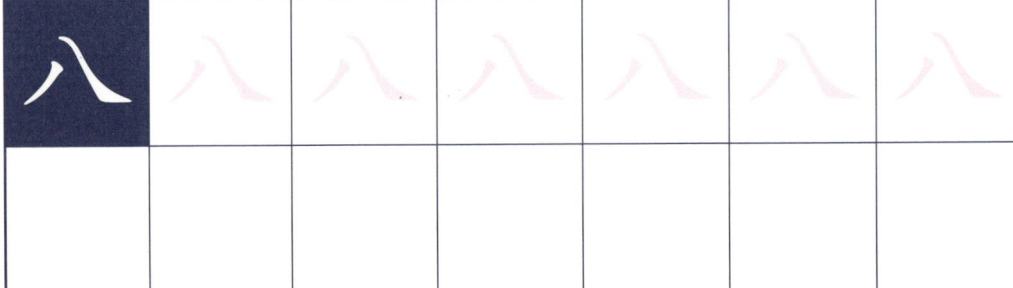

便

편할 **편**, 똥오줌 **변**   부수: 亻(사람인변) 총 9획

亻 亻 亻 佢 佢 佢 便 便

사람(亻=人)에게 한 번(一) 말(曰)만 하면 사람(人)에게 편하도록 바꾸게 돼요.

便紙 편지   소식(消息)을 서로 알리거나, 용건(用件)을 적어 보내는 글, 또는 그리하는 일. (紙 종이 지)

小便 소변   오줌. (小 작을 소)

平

평평할 **평**   부수: 干(방패간) 총 5획

一 ㄱ ㄕ ㄘ 平

방패(干)는 나누어도(八) 고르고 평평해요.

平和 평화   ① 평온(平穩)하고 화목(和睦)함. ② 전쟁(戰爭), 분쟁 또는 일체의 갈등이 없이 평온함, 또는 그런 상태. (和 화할 화)

平等 평등   권리, 의무, 자격 등이 차별 없이 고르고 한결같음. (等 무리 등)

下

아래 하 부수: 一(한일) 총 3획

一 丁 下

기준선(一)보다 아래에 물건(卜)이 있음을 나타내고 있어요.

臣下 신하 — 임금을 섬기어 벼슬을 하는 자리에 있는 사람.
(臣 신하 신)

下流 하류 — ① 강이나 내의 흘러가는 물의 아래편. ② 수준 따위가 낮은 부류.
(流 흐를 류)

夏

여름 하 부수: 夂(천천히걸을쇠발) 총 10획

一 丆 丆 下 百 百 頁 頁 夏 夏

큰 머리(頁)에 탈을 쓰고 춤을 추듯 천천히 걸으면서(夂) 제사를 지낸 계절이 여름이었다고 해요.

淸夏 청하 — 맑고 산뜻한 여름.
(淸 맑을 청)

夏服 하복 — 여름 옷.
(服 옷 복)

배울 학	부수 : 子(아들자) 총 16획
´ ⠀ ⠀ ⠀ ⠀ ⠀ ⠀ ⠀ ⠀ ⠀ 與 學 學	

배울 학은 상형자에 보면 어린아이가 책상 위에서 손으로 무언가를 배우는 그림이에요. 그런데 손가락 안에 있는 곱하기 두 개는 상형자로 효(孝)를 뜻하죠. 아이가 책상 위에서 인간의 도리를 배운다는 의미가 배울 학이에요.

入學 입학	학교(學校)에 들어감. (入 들 입)
學問 학문	어떤 분야를 체계적으로 배워서 익힘. 또는 그런 지식(知識)을 말해요. (問 물을 문)

나라이름 한, 한국 한	부수 : 韋(가죽위) 총 17획

우물가를 에워싸는(韋) 우물 난간이라는 뜻을 갖고 있어요.

韓國 한국	대한민국(大韓民國)의 약칭(略稱). (國 나라 국)
韓服 한복	우리나라의 고유(固有)한 옷. (服 옷 복)

漢

한수 한, 한나라 한 부수: 氵(삼수변) 총 14획

丶 丶 氵 氵 汁 汁 汁 浐 浐 浐 漢 漢 漢 漢

양자강 상류 하천(氵=水)에 어렵다(難)는 뜻의 생략형이 합하여 '한나라'를 뜻해요.

漢詩 한시	한문(漢文)으로 지은 시(詩). (詩 시 시)
漢江 한강	우리나라 중부를 흐르는 강. 태백산맥에서 시작하여 황해로 흘러듦. (江 강 강)

漢	漢	漢	漢	漢	漢	漢

海

바다 해 부수: 氵(삼수변) 총 10획

丶 丶 氵 氵 汇 汇 海 海 海 海

물(氵=水)이 끊임없이(每) 흘러 모이는 곳이 바로 바다예요.

海軍 해군	바다에서 전투(戰鬪)를 맡아 하는 군대(軍隊). (軍 군사 군)
海洋 해양	넓은 바다, 지구(地球)의 겉죽에 큰 넓이로 짠물이 많이 괴어 있는 곳. (洋 물 양)

海	海	海	海	海	海	海

兄	맏 형, 형 형　　　부수: 儿(어진사람인발) 총 5획
	ノ 口 冂 尸 兄
	아우나 누이를 말(口)로 가르치고 이끌어 주는 사람(儿)이 형이라는 뜻이에요.

兄弟 형제	형과 아우. (弟 아우 제)
仁兄 인형	벗에 대한 높임말, 편지글에서 친구 사이에 상대편을 높여 이르는 이인칭 대명사. (仁 어질 인)

火	불 화　　　부수: 火(불화) 총 4획
	丶 丷 少 火
	불이 타고 있는 모양 또는 화산이 불을 뿜는 모양이에요.

火山 화산	땅속에 있는 가스, 마그마 따위가 지각의 터진 틈을 통하여 지표로 나와 쌓여서 이루어진 산으로 사화산(死火山), 휴화산(休火山), 활화산(活火山)으로 나뉨. (山 뫼 산)
火災 화재	불이 나는 재앙(災殃) 또는, 불로 인한 재난(災難). (災 재앙 재)

89

話

말씀**화**, 말할**화**   부수 : 言(말씀언) 총 13획

丶 亠 ㇒ 言 言 言 訁 訐 話

말(言)은 입 안에서 혀를 내민 모양(舌)으로 알 수 있으니 말씀을 나타내지요.

對話 대화 마주 대(對)하여 서로 의견(意見)을 주고받으며 이야기하는 것, 또는 그 이야기. (對 대할 대)

神話 신화 예로부터 사람들 사이에서 말로 전(傳)해져 오는 신을 중심(中心)으로 한 이야기. (神 귀신 신)

話	話	話	話	話	話

花

꽃**화**   부수 : ⺿(초두머리) 총 8획

一 ㇒ ㇒ ⺿ ⺿ 花 花 花

풀(⺿ = 艸)이 자라서 봉오리가 맺히고 피어나서 예쁘게 되니(化) 꽃이에요.

花草 화초 꽃이 피는 풀과 나무. 또는, 꽃이 없더라도 분에 심어서 관상용(觀賞用)이 되는 온갖 식물(植物). (草 풀 초)

開花 개화 ① 꽃이 핌. ② 사람의 지혜가 열리고 사상(思想)·풍속(風俗)이 발달(發達)함. (開 열 개)

花	花	花	花	花	花

살 **활**   부수: 氵(삼수변) 총 9획

丶 氵 氵 汇 汗 浐 活 活

물(氵=水, 氺) 맛을 혀(舌)로 음미하며 마시니 몸이 살아나요.

活力 활력 — 살아 움직이는 힘.
(力 힘 력)

生活 생활 — ① 사람이나 동물이 일정한 환경에서 활동(活動)하며 살아감. ② 생계(生計)나 살림을 꾸려 나감. (生 날 생)

효도 **효**   부수: 子(아들자) 총 7획

一 + 土 耂 耂 孝 孝

노인(耂)을 아들(子)이 받드니 효도지요.

孝道 효도 — 부모(父母)를 잘 섬기는 도리(道理), 또는 부모(父母)를 정성껏 잘 섬기는 일.
(道 길 도)

孝誠 효성 — 마음껏 어버이를 잘 섬기는 정성(精誠).
(誠 정성 성)

後

뒤 후   부수: 彳(두인변) 총 9획

丿 ク 彳 彳 彳 彳 彳 後 後

발걸음(彳)을 아이처럼 작게(幺) 내딛으며 뒤처져(夂) 걸으니 '뒤'를 뜻해요.

後退 후퇴	뒤로 물러남. (退 물러날 퇴)
後悔 후회	이전의 잘못을 깨치고 뉘우침. (悔 뉘우칠 회)

後	後	後	後	後	後	後

休

쉴 휴   부수: 亻(사람인변) 총 6획

丿 亻 亻 什 休 休

사람(亻=人)이 나무(木) 그늘에서 쉬고 있어요.

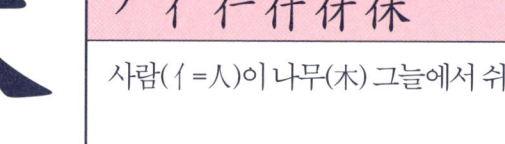

休息 휴식	하던 일을 멈추고 잠깐 동안 쉼. (息 쉴 식)
連休 연휴	이틀 이상(以上) 휴일(休日)이 겹침. 또는 그런 휴일(休日). (連 잇닿을 연)